大秩序时代

☆作者与原中纪委副书纪、正部级巡视员陈德全合影

☆作者与原中国人民武装警察总队彭水明将军合影

☆作者与原中国人民海军政治部主任王兆海中将合影

☆作者与原中国人民武装警察部队司令员周玉书中将合影

☆作者与原北京卫戍区副司令黄伯诚少将合影

☆作者与原中华人民共和国水利部副部长张春园合影

☆作者与中华全国总工会保障部副部长、原中纪委副书记银玉清合影

☆作者与原卫生部副部长孙隆椿合影

☆作者与中国人民解放军军乐团政治部主任徐剑少将合影

☆作者与国务院连续三届资深参事王秉忱合影

☆作者与原《解放军画报》社长范西峰合影

☆作者与中科院院士、清华大学博士生导师王占生教授合影

☆作者与中国科学院、中国工程院院士茅智合影

☆作者与中国人民解放军八一体工队男篮队长
"战神"刘玉栋合影

☆作者与前国家女排
主教练俞觉敏合影

☆作者与八一女篮
领队郑海霞合影

☆作者与著名相声表演艺术家李金斗合影

☆作者与国学泰斗高振国先生合影

☆作者与郑州新秩序文化传播有限公司总裁李保民合影

☆作者与和旗神生物科技公司总裁蒋建国、执行董事吕志国合影

☆作者与安徽峰辉集团总裁李光辉、名誉总裁杨俊峰及和旗神生物科技公司总裁蒋建国合影

☆乐庆辉、李暮青伉俪游学嵩阳书院

大秩序时代

DAZHIXU SHIDAI

乐庆辉◎著

经济管理出版社

ECONOMY & MANAGEMENT PUBLISHING HOUSE

图书在版编目（CIP）数据

大秩序时代/乐庆辉著. —北京：经济管理出版社，2015.7

ISBN 978-7-5096-3857-6

Ⅰ. ①大…　Ⅱ. ①乐…　Ⅲ. ①网络经济—经济发展—研究—中国　Ⅳ. ①F426.67

中国版本图书馆 CIP 数据核字（2015）第 138424 号

组稿编辑：张　艳

责任编辑：张　艳　范美琴　赵喜勤　丁慧敏

责任印制：黄章平

责任校对：超　凡

出版发行：经济管理出版社

　　　　　（北京市海淀区北蜂窝 8 号中雅大厦 A 座 11 层　100038）

网　　址：www. E-mp. com. cn

电　　话：（010）51915602

印　　刷：三河市延风印装有限公司

经　　销：新华书店

开　　本：720mm×1000mm/16

印　　张：12

字　　数：171 千字

版　　次：2015 年 7 月第 1 版　　　2015 年 7 月第 1 次印刷

书　　号：ISBN 978-7-5096-3857-6

定　　价：38.00 元

序 言

　　小时候，经常梦到自己在星星编织的摇篮里自由荡漾，醒来对浩瀚的星空就多了几分向往。而每每看到夜空中流星划过天际的时候，就会问哥哥姐姐："星星会掉到哪里去？我想去捡几颗玩。"哥哥姐姐说："小傻瓜，有些星星可能比地球大好几倍呢，你怎么捡得起来。"我不知道地球到底有多大，更不明白比地球大的星星到底掉在了什么地方。后来，读书了才明白地球只不过是宇宙中的一颗微小的行星，才明白所有的行星都有它运行的轨迹；再后来，我在探索天体运行的规律时，明白了在这个浩瀚的世界中，秩序是大于自由的。否则，打破秩序之后的自由，面临的将是灭顶之灾。带着这一思考，似乎可以解释"神秘的百慕大"，可以解释"神秘的天坑"，可以解释"马航"，可以解释"海啸"，可以解释"地震"，可以解释很多很多的自然现象和自然灾害。其实，这一切不都是人类违背自然规律而食下的恶果吗？正所谓"天命不可违"！

　　两千多年前的中国古代智者老子认为，自然的范围宽广无边，虽然宽疏但并不漏失，自然的规律是柔弱不争。他在其代表作《道德经》中说：自然的规律是，不斗争而善于取胜，不言语而善于应承，不召唤而自动到来，所以要坦然而善于安排筹划。惊愕于老子的智慧之余，我一直又在思考另一个问题：为什么有着五千年文化的中国能够屹立不倒、延续至今？沿着中华文明发展的脉络，终于发现了我们这个民族是一个"有根"的民族，"有根"其实就是"有序"。这个"根"就是"黄老之根"。黄老即黄帝与老子，他们主张"天人合一"，强调人与自然的和谐统一。而这个"人"是指身心健康的人，而非人格缺失的"病人"。换言之，这个"人"可以是一个民族、一个国家、一个企业或一个社团。那么，如果把这个"根"植入一个民族、一个国家、一个企业或一个社团，又何愁不能与日月同辉，与天地同寿呢？

我们沿着改革开放 30 多年的发展轨迹探寻，不难发现，中国由计划经济向市场经济发展，而后进入微利经济时代、免费经济时代、互联网经济时代。在这个知识爆炸、信息爆炸的时代，空前繁荣的经济建设将中国由一个贫穷、落后的国家带向一个发展中国家，带向一个敢于对世界"说不"的经济强国。然而，繁华之后的平寂，人们似乎总有一种莫名的惆怅，总感觉生活抑或生命中缺少了点什么，尊重？平等？爱与关怀？还是敬畏？似乎是，又似乎不是。带着这个困惑，我游历了三山五岳，遍访名师高僧大德，终于在普陀山隐秀庵得净旻法师开示："你跑得太快了，灵魂还没有跟上来。"法师一语中的，如醍醐灌顶，使我茅塞顿开。其实，灵魂就是尊重、平等、敬畏、爱与关怀。

事物与经济的发展规律都是呈波浪式前行，呈螺旋式上升的。"古之善道者，不以明民，将以愚之。"如果把改革开放前 30 多年纳入经济爆炸式发展的物质文明时代抑或是一个大平台演绎的时代，那么后 30 年将一定会是一个精神文明重构的大秩序时代。国务院总理李克强在 2015 年"两会"期间提到"大众创业、万众创新"及"互联网+"等一系列发展理念和伟大构想，正为开创一个全新的时代注入勃勃生机。

愚以为，无论是"大众创新、万众创业"也好，还是"互联网+"也好，离开了秩序都行不通。愚还以为，一个全新的时代来临，要做到日月同辉、周而复始和生生不息，就一定要重建社会道德、诚信、管理体系；一定要树立崇高的共产主义信仰；一定要弘扬中国精神，打造血性中国人。而这一切，当我在长安街看到这样一幅标语时，心中充满了对祖国的骄傲与自豪。标语上写道："人民有信仰、民族有希望、国家有力量。"读此，我再次热血沸腾。

是为《序》。

2015 年 5 月 1 日写于北京

目 录

对于人类社会而言，秩序永远是高于自由的价值观。国家的方方面面都建立在秩序的基础之上，社会运行要秩序，公司运营要秩序，家庭维系也需要秩序，而过度的自由只会损害到正常的秩序。先有秩序，人们的工作、生活、安全才有保障，这个是最重要的基础，然后才能允许适度的自由。国家把维护秩序放在重要位置，维稳就是维护秩序的体现。

互联网改变了人们原有的生活秩序，其电子商务活动对社会经济产生影响，同时信息膨胀也在一定程度上引发了网络秩序混乱。面对互联网冲击下的时代秩序，为了建立良好的网络秩序，网民要提高素质，加强个人法律意识和道德素养，在网络行为自律方面要建立社会制约机制，同时，全社会要共同努力，通过有效的途径和方法构建良好的网络秩序。

第三章 "互联网+"下的秩序重建 ……………………………… 41

"互联网+"对每个企业、每个人都是新的挑战和机遇，它带来的是一个新的秩序，所以必须考虑秩序的重建。要对"互联网+"下的行业秩序创新进行思考，认识到创新与秩序的并重并行，思维、理念与模式的更新，注重满足消费者需求下的企业价值创造，建设企业新的公共关系秩序等。在摸索的过程中要随时提醒自己，要抓住关键，而不是皮毛。

第四章 传统秩序的价值与精髓 ……………………………… 55

传统秩序并非由某些古往今来不变的原则推导得来的，而是在演化中存续下来的。研究传统秩序价值，如中国传统法律秩序的价值、优秀传统秩序中的"黄老之根"、中国传统文化中的包容与秩序规范，以及"天人合一"、"协和万邦"、"天行健，君子以自强不息"等，对提升国人道德水准，维持良好的社会秩序意义重大。

第五章　传统秩序的传承与创新 ························· 79

　　中华传统文化所蕴含的秩序思想，对今天的中国更具现实意义。通过构建华夏文明新秩序，以良好的公共道德维护和谐社会秩序，发挥忠诚、爱国与明礼有序的优良传统，将信用秩序建设纳入制度化轨道，在规范中实现秩序与自由的统一等，向世界表达中国的国家理念，阐述中国的历史，展现当代中国人的精神生活，必将助推世界文明秩序和政治秩序的重建。

第六章　大秩序时代的大教育构筑 ···················· 101

　　良好的教育秩序的建立，是我们国家稳定和发展的基础。贯彻"百年大计，教育为本"的大思想，重建礼乐文明并使道德回归，重建失范的职业教育秩序，以及在线教育对行业秩序的重塑，都体现了大秩序时代的大教育构筑，是这个时代所特有的创新精神在教育领域的反映，而构筑这种创新性就是为了发挥教育功能，保障国家的稳定与发展。

第七章　当前中国经济大秩序及趋势 ……………………… 121

当前中国经济大秩序的构建及其未来趋势主要包括：中国经济步入新常态带来新机遇；中国经济未来的发展动力；区域协同发展带来的发展机遇；传统行业面对互联网转型如何抉择；继续宽松的财政和货币政策；"大众创业、万众创新"打造经济新引擎；全领域改革攻坚，新红利如何释放；等等。

第八章　管理大秩序探究企业生命 …………………………… 139

管理有序是企业的生命，科学有序的企业管理是商业元概念，而非大而化之的愿景。由于中小企业的管理秩序常常被忽视，因此要重建管理大秩序，诸如老板的角色定位和经营定位，提升管控力、打造企业目标管理新秩序，正确的管理内容和有序的管理程序，管理原则下的管理规则的制定和实施，以及通过创新管理成就秩序效率等。

第九章　中国市场大秩序完善对策 ················· 153

　　建设和完善市场秩序是当前全面深化改革的一个基本课题。中国市场大秩序完善对策具体包括：弄清市场秩序建设亟须重点关注的问题；消费市场日趋成熟并走向新常态；发展普惠金融，完善资本市场体系；劳动力市场的发展现状及完善对策；健全新常态下的房地产市场体系；等等。以此实现国家社会经济生活的稳定、有序和效率。

第十章　新世界秩序视野下的中国秩序 ··············· 165

　　中国提出的"新型国际关系"，旨在推动国际秩序和国际体系朝着更加公正合理的方向发展，推动建设人类命运共同体，更好造福亚非人民及其他地区人民。在这一战略导向下，中国大力巩固和发展"世界工厂"，竭力构建亚洲新秩序，提出和实施"一带一路"、"亚投行"战略，积极推进人民币国际化进程。中国提倡的世界新秩序已经开始初见成效。

第一章　自然法则：秩序大于自由

对于人类社会而言，秩序永远是高于自由的价值观。国家的方方面面都建立在秩序的基础之上，社会运行要秩序，公司运营要秩序，家庭维系也需要秩序，而过度的自由只会损害到正常的秩序。先有秩序，人们的工作、生活、安全才有保障，这个是最重要的基础，然后才能允许适度的自由。国家把维护秩序放在重要位置，维稳就是维护秩序的体现。

宇宙的秩序与宇宙的法则

当代天文学的研究结果表明，宇宙是有层次结构的、物质形态多样的、不断运动发展的天体系统。在这个层次结构中，行星是最基本的天体系统。此外，理论物理学家认为，还存在着不同状态生命的多元宇宙，它是一个理论上的无限个或有限个可能的宇宙的集合，包括了一切存在和可能存在的事物，所有的空间、时间、物质、能量以及描述它们的物理法则和物理常数。多元宇宙同样具有一定的层次结构和运行规律。

宇宙之所以存在层次结构、物质形态及不断运动的状态，原因有两个：一是因为它有秩序，二是在于其遵循自身的法则。人类自身便是宇宙秩序的一部分。地球是宇宙的一份子，我们的这个时代是地球上人类智慧空前发展的时代。因此，了解宇宙的秩序与宇宙的法则，对于我们构建良好的时代秩序具有启示意义。

一、宇宙的秩序

宇宙具有无穷极的能量，因为有了秩序，我们才能看到银河的运转、星河的灿烂。那失序的星辰，燃烧着、挟持着陨石和尘沙，在苍穹拖着光亮的尾巴，消逝到永夜的黑暗中去。宇宙，即时空，不只是一个物质的概念，它同样是人类理性之源，甚至它便是理性本身。人类的悟性，那不待逻辑、实证的睿智，正是冥冥中理性的启示。当它体现了宇宙的秩序时，这睿智便具有了不朽的生命，瓜瓞绵绵、不绝如缕地从远古延伸到今天。

宇宙大美的根本来源于它的秩序。"天地有大美而不言，四时有明法而不议，万物有成理而不说"（《庄子·知北游》），天地之大美，四时之更嬗，万物之荣枯，皆由"悟然若亡而存，油然不形而神"（《庄子·知北游》）的自在之物，这是理性之源所使然。人类对它的了解甚微，我们除了表示敬畏与虔诚之外，根本无力改变宇宙的大规律。对天地秩序之大美，我们能够奉上的也只是无限赞叹。

二、宇宙法则

宇宙中有两股性质相反的能量，如同作用力与反作用力一样，大小相等，方向相反，总和为零。这两股力量是维护宇宙有序运行、保持相对稳定、相对制衡的"法力"，二者相加，总能量为零。若其中一股的能量稍大一点的时候，宇宙就会瞬间消失。比如万有引力与万有斥力，由于大小相等，运动方向相反，总能量相抵为零，才有了太阳系、银河系、旋河系、法旋系的有序而系统地运行。若只有万有引力而无万有斥力，宇宙中的所有天体运动就会变成直线运动，并以超光速聚合在一起，宇宙就会在瞬间消失；若只有万有斥力而无万有引力，宇宙中将不存在天体的旋转运动，地球就不会绕着太阳旋转，所有天体的运动也都将会变成直线运动，将以超光速迅速膨胀，最终会燃烧消亡，宇宙也会消失。

宇宙之所以没有消失，依然存在，是因为它遵循着宇宙运动的法则，这就是"对立统一"法则。

对立统一规律是唯物辩证法的实质和核心。具体表现在四个方面：

第一，对立统一规律揭示了事物运动、变化、发展的根本原因在于事物内部的矛盾性，科学地解释了事物发展的道路、方向及形式等问题。

第二，对立统一规律揭示了事物联系和发展的根本内容，事物普遍联系的实质就是事物之间由多方面的对立统一构成的矛盾体系；事物发展的实质就是新事物扬弃旧事物的过程，它体现着事物内部肯定方面与否定方面的对立统一的关系。

第三，对立统一是唯物辩证法全部规律和范畴的实质，所以，对立统一规律提供了理解唯物辩证法其他规律和范畴的钥匙。

第四，唯物辩证法是世界观又是方法论，而对立统一规律提供了这一科学方法论最根本的内容，即矛盾分析的方法。

对立统一是宇宙实质的表象，是宇宙存在的唯一法则。宇宙中的一切都是相对而存、对立统一的，就像阴阳、正负、男女、雌雄、前后、内外、表里、高低、上下、刚柔、虚实、荣辱、顺逆、动静、尊卑、贵贱、强弱、贫富、功过、祸福、得失、前进后退、增加减少、白天黑夜、过去未来、有形无形、生死存亡等一样，均是相对而存的，失去一方，另一方也就失去了存在的条件。

宇宙法则具有普遍意义。比如，表现在自然科学上，就是牛顿的万有引力论、麦克斯韦的电磁场、普朗克的量子论等与宇宙物质对立统一的法则。它们之间的相互作用是通过连续不断的量子场、电磁场和引力场等为媒介，在四维和多维时空中不断地运动和转化。表现在社会科学上，就是老子的道、黑格尔的绝对精神、叔本华的意志等与宇宙物质对立统一的法则。它们之间的相互作用是通过哲学、文学、逻辑学、心理学等为媒介，在人类的思维和思想中运动转化。表现在艺术科学中，就是齐白石的似与不似之间、王羲之的意在笔前、毕加索的永恒实物等与宇宙物质对立统一的法则。它们之间的相互作用是通过技法、意境和神韵为媒介，在天人合一的基础上探求宇宙人生的真谛和本源。当然，宇宙法则在其他方面也有表现。

总之，宇宙的秩序与宇宙的法则是不以人的主观意志为转移的客观存在。人类社会的一切领域，只有先顺应宇宙法则客观规律，才能支配改造主观世界和客观世界，从而达到实现高级大同世界的目的。否则，便会自食其果。

自然规律支配下的自然秩序

规律，是事物之间内在的必然联系，具有普遍性的形式，决定着事物发展的必然趋向。规律具有必然性、普遍性、客观性和永恒性，不能被人改变、创造或消灭，但能被人利用。在自然界中，自然规律是指"存在于自然界的客观事物内部的规律"（《现代汉语词典》），即自然现象固有的、本质的联系。自然规律也叫自然法则。自然规律支配着自然秩序，如日出日落的秩序、月亏月盈的秩序、四季更迭的秩序，等等。

一、人类对自然规律的认识

自牛顿以来，人们已经把万物归纳为"三"，即空间、时间和物质。牛顿以绝对时空把三者相互孤立起来，用三分世界的方式建立了他的经典力学体系，这在当时是必要的，是科学发展必经的一步。经典力学无法再解释某些物质现象，普朗克提出了量子概念，发展出量子力学，被认为是连续变化的无限世界，在微观领域中变成了不连续的有限世界。爱因斯坦向前推进了物理学，把牛顿相互独立的"三"变成了相互联系的"三"，即把绝对时空变成了相对时空，空间和时间随着物质运动一起变化，这是一个重大进步，再进一步就可归二合一，但传统对立性认识阻碍了他。爱因斯坦从20世纪30年代开始致力于统一场的研究，到临终也未获结果。上述认识割裂了事物的相互联系和同一性，是不能使这个世界统一的。

中国春秋战国时期的老子高于所有人的地方，就在于他找到了一条统一这个世界的捷径，把"三"归为"二"，再归于"一"。《道德经》中说："道生一，一生二，二生三，三生万物。"意思是说，道是独一无二的，道本身包含阴阳二气，阴阳二气相交而形成一种适匀的状态，万物在这种状态中产生。

老子的"道"在《道德经》中的解释是："人法地，地法天，天法道，道法自然。"意思是说，人所取法的是地，地所取法的是天，天所取法的是"道"，"道"所取法的是自己的自然状态。在老子看来，"道"虽是生长万物的，却是无目的、无意识的，它不把万物据为己有，不夸耀自己的功劳，不主宰和支配万物，而是听任万物自然而然发展着。所谓"道法自然"，这里的"自然"是自然而然的自然，即"无状之状"的自然。从这里可以看出在老子的"法"的意识里，就是自然法。当然，法制的概念尚未形成。不过，在治理国家时，他主张用自然法来治理天下。

老子的"一"是同一，又是整体，所谓"抱一为天下式"，就是要学会把所有的事物都看成一个整体，也把宇宙看成一个整体，把低层级事物看成是组成高层级事物的要素。把物质形态同一于空间形态，就从"三"进到"二"，再把时间同一于空间变化，就从"二"进到了"一"。

老子是中国本土教道家学派的创始人，也是孔子的老师。据《史记·孔子世家》记载，孔子曾经到西周都城洛阳向老子问礼求道，回来后和自己的学生说"今日见老子，其犹龙邪"。老子生活在西周末年，当时的社会形势很不稳定，已经显出后来孔子所说的"礼崩乐坏"。老子担心人类陷入虚无主义的困境，他在体验到这种智慧之后，不忍独享，因此说出来与大家分享。他的这段话实际是说，我们宇宙运动的总规律可称为"道"，空间变化存在周期循环，到一定极限就会返回起点，这就是"远"和"返"的含义。空间延展性及其变化表现在具体的物体上，就表现为万物。

在人类认识史上，老子的思想代表人类思想上最高的层次，只有老子给我们指出了认识自然规律、通向真理的道路。

二、自然规律与社会规律的联系与区别

自然规律和社会规律都具有客观性，但是由于客观条件的复杂性，特别是人的参与以及人的非确定性因素的真实存在，社会规律与自然规律具有本质的区别。两者之间有一定联系，也有区别。

两者之间的联系

自然规律和社会规律都具有不以人的意志为转移的客观性。人不能任意改变、创造或消灭自然规律。但是，人可以使用自己的躯体和物质工具作用于客观世界，引起自然界的某些变化，并能有目的地引发、调节和控制自然界中的实物、能量和信息变化的过程，使各种客观规律共同作用的结果发生有利于人的变化或保持有利于人的稳定性。

两者之间的区别

自然规律是作为一种盲目的无意识的力量起作用，社会规律则是通过抱有一定目的和意图的人的有意识的活动实现的。在社会规律中既存在着客观制约主观的关系，又存在着主观制约客观的关系。社会规律则是历史的，在不同的社会、国家、民族以及不同的历史阶段都有不同的表现形式。这就使认识社会规律比认识自然规律困难得多。社会矛盾的成熟程度及人们认识的局限性和阶级的局限性也影响着人们对社会规律的认识。人们对社会规律的认识是一个不断深化的过程，要经过反复实践和探索，才能达到正确认识。

三、自然规律支配自然秩序

被公认为 20 世纪最伟大的灵性导师、印度哲人吉杜·克里希那穆提说："看看你的周围，在自然界里，在天上，有着一种非凡意义上的秩序，平衡与和谐，这在人类的世界里是不多见的。每一棵树、每一朵花都有着它的秩序、它的美；每一个山峰和每一个峡谷都有着它自己的韵律和沉稳。尽管人们试图去控制河流，也污染了河水，但它们仍有着自身的流向，有着它们自己的深远的流动。"这就是说，自然界并不像某些人想象的杂乱无章，它有着严格的秩序，受统一的规律支配。

自然规律支配自然秩序的原理同样反映在人类的社会生活中。自然秩序就是自然逻辑，凡违背自然规律者无不栽大跟头。自然秩序是所有人以及一切人类的权力必须遵守的，是坚定不移的、不可破坏的，而且一般说来是最优良的规律。

从本质上来说，人的生活世界根本区别于自然界，因为它不是自然地生成的，而是作为生活主体的人通过生活实践创造出来的，是自然界不曾存有的。所以，生活世界本质上是人的文化世界，是人通过改造自在自然而创造出来的真正适合人的生存和发展需要的天地。这个生活世界的秩序，是由对人的生活行为起着调整和指导作用的生活行为规范或规则构成的，而这些规范恰恰是在自觉地遵循了生活世界自身存在和发展的客观规律的基础上确立起来的，它们表达或体现了人的价值诉求，是一种应然的主体性要求，是评判人的生活行为得失的价值标准。"应然"指的是应该的样子，应该的样子就是遵循规律的样子，可见由人类社会创造的生活世界的秩序，同样是需要遵循自然规律的。

事实上，人类仅仅是整个生物圈的一个组成部分而已，那些打破自然秩序的所谓科学成果和文明到底怎么样，看看今天全球人类面对的共同危机就足以说明问题了。

总之，自然界和人类社会都存在着不以人们意志为转移的自然秩序，并且是受客观规律支配的。人类要遵守自然秩序，一个国家按照自然秩序发展，才会富强；否则就将进入病态。

自由与秩序的对立统一

自由与秩序既相互对立又相互统一，它们的辩证关系具体表现为：第一，自由的实现有赖于秩序的建立；第二，秩序的形成取决于自由被规范的程度。自由与秩序既是权利和义务的本质，又是权利和义务的价值取向；而权利和义务则是自由和秩序实现的手段。

一、自由的实现有赖于秩序的建立

自由作为一种理念，是人类的自然愿望。但是对于在文明社会如何实现自由理念的方法论和价值观的不同取向，导致了民主社会和集权社会的分野。这是因为自由的实现首先有赖于制度。人有各种各样的价值需求，比如自由是人人都渴望的，但是绝对自由所造成的结果是人人都不自由。自由必须要有"秩序"的支持才能实现，因此秩序成为满足人类其他需求的一个基本前提和保证。

早在民主制的古希腊和古罗马与集权制的斯巴达就形成了鲜明的对照。古希腊和古罗马人都认为他们的法律之所以优于其他国家是因为这些法律"基于众人的才智"，并且"获益于实际经验的帮助和时间的检验"。而斯巴达人认为自己之所以伟大，并不是因为其每一部特定的法律的优越，而是所有这些法律都趋向于由某个个人早先确定的目的。显然，前者是对自发传统的发展和提炼，本质上是自生的秩序；而后者是基于既定目标的人为构建，实际上是一种乌托邦实践。

必须指出，在自由社会的一般性规则体系中，道德远比法律更为重要。作为调整人际交往关系的习惯，道德是不言自明的传统信念，是价值观而不是方法论。它不是强制和命令的结果，而是出于自愿和自然。完善的道德规范体系是自由社会有效运行的必要条件。所以在现代文明社会，道德是主导的规范，而法律只是辅助的规范体系。譬如，自由主义经济学倡导的市场经济机制，就是建立在商业信用体系的基础之上的。商业信用主要依靠商业道德来运作，相关的法律作为保障只是最后的底线。自由市场的魅力不在于健全的法律体系，而在于以分工与合作为基础的交换和竞争。每个人对于这种可以选择且必须参与的游戏都有共同的规范体系和平等的机遇，唯有智慧和意志的较量，才能决定成功与否。而支持他们参与的信心，正是相信多数人都会遵循作为一般规则的商业道德。

二、秩序的形成取决于自由被规范的程度

维护秩序的目的就是为了实现人的自由，而用来维护秩序的手段是多种多样的，道德、惯例、宗教、法律等都是用来维护秩序的有效手段，但是法律是最为理性的选择。所以秩序和自由理所当然地成为法律的价值，从这个意义上讲，自由与秩序统一于法律的价值之下。

法律的核心价值是保障自由和维护秩序。显而易见，这个价值体现了秩序的形成取决于自由被规范的程度。

法律的目的不是取消或限制自由，而是维护和扩大自由。这是因为在所有能够接受法律支配的人类的状态中，哪里没有法律，哪里就没有自由。法作为一般性规则，或者是一种原则性的东西，是先于立法的，而立法所产生的便是法律。自由是法治的基础，法治则是自由的体现和保障。没有自由的法治，比赤裸裸的压迫更加恐怖，因为它于表面的堂皇中侵蚀着个人的权利；而没有法治的自由，也不可能是一种有所保障的自由，最终也会被其他诸如

强权所危害和吞噬。

在法治条件下，自由与秩序是一对相生相克的概念体，并且在一定程度上可以相互转化。自由通过法治能够形成一种良好的秩序。在这种秩序之下，每个个体得到充分尊重的同时，自然也就会有利于社会秩序的形成和演进，且这种不断自发形成和演进的社会秩序反过来又会进一步强化对一般规则的遵守，从而保证自由始终都能够得以保护而不受到其他强权的任意干涉和损害，还能使得对秩序的一般性及合理性要求通过法治对自由进行一种约束而达成；秩序成为法治下的秩序，反过来同样能够在满足秩序的形成和演进中确保自由不被任意侵损，使得两者相互促进而相得益彰。

总之，只有在自由与秩序之间维持一种动态的平衡，两者才能更好地成为可能：若是过分偏向于自由，则秩序不保，最终走向放任；如果偏袒于秩序，则自由不存，最终走向专制。而要维持这一动态的平衡，法治是目前为止人类所能想象得到的最为可靠的"天平"。在法治之下，自由中的秩序和秩序里的自由都能很好地得以保存和契合，两者保持着一种温和的张力。

社会秩序价值的释义

自然有其秩序，社会也有其秩序。社会秩序与自然秩序的重大区别在于，社会秩序作为人们生活活动的秩序，不能不体现人们自己的生存能力、需要、愿望、理性以及相互关系，并随着这些方面的变化而变化，从而呈现出明显的价值属性和历史性。在社会发生结构和制度变革时期，人类秩序的历史性鲜明地表现为旧秩序的瓦解和新秩序的形成。对于后发国家来说，从传统社会到现代社会的转型，各种内外部矛盾被激发并频繁发生，使社会长期处于某种无序和过渡性状态，人们的心灵也变得极其不安和浮躁，甚至失去生活的意义感。秩序既是人们正常生活的条件与表征，也是人生意义的重要来源。

社会秩序是指人们在长期的社会交往过程中形成相对稳定的关系模式、结构和状态。在同一个社会内部，社会秩序还可以分为经济秩序、政治秩序、劳动秩序、伦理道德、社会日常生活秩序等几个大的方面，其中经济秩序和政治秩序的稳定起着决定性的作用。

一、社会秩序的表现

表1-1 社会有序状态或动态平衡的主要表现

一定社会结构的相对稳定	即所有社会成员都被纳入一定社会关系的体系，每一个人都被置于一种确定的社会地位，各成员及各种社会地位之间的关系都被社会明确规定。封建的社会秩序、资本主义的社会秩序、社会主义的社会秩序，就是指不同社会类型的社会结构的相对稳定。在前两种社会秩序中，人们在社会关系体系内所处的社会地位是以等级作有序排列的，整个社会秩序表现为不同的社会集团、群体和个人之间的等级次序或顺序，如封建社会的等级秩序、资本主义社会的资产阶级和无产阶级间的统治与被统治关系。在社会主义社会的初级阶段，人们的社会关系虽已发生根本变化，但表现在社会秩序上的级序性仍未完全消除
各种社会规范得以正常施行和维护	一定的社会关系体系要成为一种社会秩序并能维持下去，保持相对稳定，就必须借助于反映与适合其需要的社会规范及规则，以及这些规范和规则被广泛遵守和执行。这些规范和规则直接体现着它们所代表、维护的社会秩序，遵守与维护这些规范、规则，即遵守和维护有关的社会秩序
把无序和冲突控制在一定的范围之内	一个社会不可能没有冲突和无序的现象，但把它们控制在一定的范围内，也是一种社会秩序。有些西方社会学家常常把社会秩序同社会冲突对立起来，认为冲突即是对秩序的破坏。实际上，资本主义的社会秩序本身就包含着经常性的劳资冲突，资产阶级国家也在法律上承认并约束这种冲突，使其不越出资本主义社会秩序所定的界限。社会秩序是一种社会控制因素，在社会控制中发挥着重要作用

二、社会秩序的价值

社会是以物质生产活动为基础，以一定的行为规范为依据，通过人与人、人与周围环境的互动而形成的一个复杂的综合体。这种人与人之间、人与周围环境之间的关系，通过一定时期内大多数人的认同和选择而固化下来的有序状态或动态平衡状态，就形成了社会秩序。从社会发展的长期过程来看，社会秩序并没有固定的形式和内涵，而是伴随着人类社会的发展而不断调整的。自工业革命、信息革命以来，社会物质极大丰富，以物质、信息交流为纽带的社会经济活动极大发展。

从某种意义上讲，当今社会是以经济关系为基础的复杂系统。维系经济关系的规则与制度成为当前社会秩序的主要形式。当前的社会秩序也主要被用来限制潜在的机会主义行为，约束可能对社会公平和效率产生负面影响的行为。同时，由于社会发展程度的深化，仅仅靠法律和制度等一些手段已经很难全面解决社会发展中的新问题，政治、道德的制约因素也在规范经济关系中的一系列活动中的作用被不断提升和强化为特定的秩序，形成了经济关系与社会秩序互相制约、互相适应的局面。特别是近些年由于网络和信息技术的发展和"全球化"的不断推进，世界文化交流的不断拓展，各国已经不能像之前的任何时期那样，对其国民进行彻底的思想束缚，反而是应该对不同的群体进行认同，通过一系列手段来协调社会关系。

社会秩序的主要功能是整合功能和控制功能。当社会秩序对缓解社会矛盾、促进公平效率的功能弱化与缺失时，就会产生社会失范、社会冲突甚至是社会解体等严重的社会问题。因此，既要充分认识社会秩序的自我平衡能力，即社会秩序的内生性，又要重视个人或活动对社会秩序稳定的干预和影响，即社会秩序的外生性。我们党提出的"依法治国"、"从严治党"等一系列有力措施，就是为了维护正常的社会秩序并发挥其整合与控制功能，以保证社会的健康发展。

人性自由价值的释义

18 世纪法国大革命的思想先驱卢梭曾说："人是生而自由的，但却无往不在枷锁之中。"点明了人类渴望自由，但不得不在不自由的现实中挣扎的残酷现实。卢梭所指的自由是一种宽泛的自由。然而，主体追求自由的理想从没放弃过。自由大多时候被哲学家和社会学家以人的本性范畴来研究，哲学家们基于不同的文化背景，从不同的视角和维度展开了对人的自由问题的研究，形成了不同的理论，以这些理论为基础形成了对社会秩序不同的理解和不同的建构方式。

一、人性自由的内涵

人性自由是抽象的绝对概念。在现实生活中，人的自由是一个相对的辩证概念，我们从人的生命的不同生存形态可以将人的自由分为三个部分：人的自然形态的自由、人的精神形态的自由、人的社会关系形态的自由。

人的自然形态的自由，是人对物质生活自由的追求，人的物质生活自由是相对的，是人适应自然与改造自然的对立统一运动。人的自然形态的自由，体现在现实生活中也就是人对物质生活自由的追求。尽管说人性是自由的，但现实中的人的物质生活并不能实现真正的绝对自由，因为，现实生活中的物质生活条件是特定的、有限度的。农村的孩子可以看到天上的飞机，但可能很难坐上飞机遨游天空；人类可以放牧垦荒，但也因此面临沙化和沙漠化危机；人类虽然可以登上月球，但要生活于月球之上还有待时日。

人的精神形态的自由，体现在现实生活中就是对精神生活自由的追求。丰富人的精神体验、增强人的认知水平、提高人的创造能力，这是人追求精神生活自由的体现。但人的精神生活自由的发展，也不是绝对的，是受多种因素制约的。首先是客观的自然世界会制约人的精神生活，再有就是人的社会关系会影响人的精神生活自由。从总体上说，人的精神自由是与人的社会存在（包括自然世界、人、社会）是对立统一的，人的精神自由必须依存于社会存在并符合社会存在的发展规律，超越于社会存在的精神自由是难以想象的、是危险的。

人的社会关系形态的自由，体现在现实生活中就是对社会关系自由的追求。在人类社会里，人的行为不单纯是一种自利的行为，也不单纯是一个人的行为，人的社会关系的存在，使人的自利性倾向变成自利与他利的对立统一。自己的自利就是他人的他利、他人的自利就是自己的他利，在这种对立运动中，不是让人和人类社会走向分化和极端，而是在人的精神活动作用下，在人类改造自然、改造人、改造社会能力发展条件下，人的自利与他利形成了对立统一的关系，人类社会的自利与他利行为趋向于平衡和发展。

二、人性自由的价值

从采摘狩猎到刀耕火种，到机械化生产，从神话传说到《四书》、《五经》，到现代艺术，从原始社会到奴隶制和封建制社会，到现代资本主义和社会主义社会，人类的物质生活、精神生活和社会关系生活不断地发展和改善，推动人类社会发展的内在动力是人类的自由意志。

人类的自由意志并不是超越于生命之外的上帝赋予的某种超然的东西，它是人的生命的内在特性。人的生命，从人类社会的发展进程来说，它是发展的，是随着人类劳动和社会实践的发展逐步发展完善的。人及人类社会的发展体现出来的，就是人类物质生产能力和物质生活水平的提高，人类认知能力和精神生活的发展，以及人类社会关系的改善。

解决自由与秩序冲突的原则

社会生活需要秩序，秩序来自规则。在实际生活中，哪里有规则，哪里才有秩序，哪里的生活和工作才能顺利进行；反之，哪里没有规则，哪里就没有秩序，哪里的生活和工作就不能顺利进行。

遵守规则是人类社会生活能够正常进行的前提和保证。尤其是在法治社会，秩序的存在不是为了限制自由，相反是为了保证每个人能获得其应得的自由。为了把握解决自由与秩序冲突的原则，首先要理解秩序和自由的法律价值。

一、秩序和自由的法律价值

法学上所言的秩序，主要是指社会秩序。它是通过法律机构、法律规范、法律权威所形成的一种法律状态。由不同的人所组成的社会要得以维系其存在与发展，就必须确立基本的秩序形式，而在其中，法律在促成人类秩序的形成方面发挥着重要的作用。任何一种法律都是要追求并保持一定社会的有序状态，因此，法律总是为一定秩序服务的。也就是说，在秩序问题上，根本就不存在法律是否服务于秩序的问题。所存在的问题仅在于法律服务于谁的秩序、怎样的秩序。

"秩序"之所以成为法的基本价值之一，是因为以下三个原因：

第一，任何社会统治的建立都意味着一定统治秩序的形成。没有秩序的统治，根本就不是统治。因为在一片混乱之中，统治者的权力根本就无法行使，自然也就无法建立有效的社会管理模式。从法律角度来说，其根本而首要的任务就是确保统治秩序的建立，因而秩序对于法律来说，无疑是基本的价值。

第二，秩序本身的性质决定了秩序是法的基本价值。秩序是人们社会生活中相互作用的正常结构、过程或变化模式，它是人们相互作用的状态和结果。任何时代的社会，人们都期望行为安全与行为的相互调适，这就要求通过法律确立惯常的行为规则模式，正是在这个意义上，法律、规则、秩序可以成为同义词。

第三，秩序是法的其他价值的基础。诸如自由、平等、效率等法的价值表现，同样也需要以秩序为基础。因为没有秩序，这些价值的存在就会受到威胁或缺乏必要的保障，其存在也就没有现实意义了。

秩序虽然是法的基础价值，但秩序本身又必须以合乎人性、符合常理作为其目标。也就是说，如果秩序是以牺牲人们的自由、平等为代价的，那么这种秩序就不是可行的秩序。

自由的价值只有在法律保障下才能体现。法律虽然是可以承载多种价值的规范综合体，然而其本质的价值则是自由，因而法律必须体现自由、保障自由，只有这样，才能使"个别公民服从国家的法律，也就是服从他自己的理性即人类理性的自然规律"（《马克思恩格斯全集》第1卷），从而达到国家、法律与个人之间的完满统一。显然，就法的本质来说，它以"自由"为最高的价值目标。法典是用来保卫、维护人民自由的，而不是用来限制、践踏人民自由的；如果法律限制了自由，也就是对人性的一种践踏。

自由既然是人的本性，因而也就可以成为一种评价标准，衡量国家的法律是否是"真正的法律"。任何不符合自由意蕴的法律，都不是真正意义上的法律。可以说，没有自由，法律就仅仅是一种限制人们行为的强制性规则，而无法真正体现它在提升人的价值、维护人的尊严上的伟大意义。

二、解决自由与秩序冲突的原则

就理想的社会而言，可以形成一种涵盖、平衡各种价值冲突的社会宽容，立法作为一种确立普遍规则的活动，也多是在这个意义上协调、平衡各种法的价值之间所可能会有的矛盾。然而，由于立法不可能穷尽社会生活的一切形态，在个案中更可能因为特殊情形的存在而使得价值冲突难以避免，因而必须形成相关的平衡价值冲突的规则。

具体来说，解决自由与秩序冲突的原则有三个方面的含义：

一是自由与秩序冲突解决的传统原则。中外历代法学家们曾提出关于法的自由与秩序冲突的许许多多解决原则，这些原则主要有四项：

第一，利害原则，即"两利相交取其大，两害相交取其轻"。

第二，苦乐原则，即避苦求乐的功利主义原则，该原则主要用于指导立法，实际上也被当作解决自由与秩序冲突的一项基本原则。

第三，法的价值等级体系论，即建立某种固定的、可以高度量化的、精确的法的价值等级体系，在法的价值冲突发生时，可以依据法的等级体系的价值等级决定价值选择，从而解决法的价值冲突。

第四，法的价值中心论，即确立法的价值中心，如果价值的中心能被确立，那么对于解决价值冲突无疑是一个成功的尝试。

二是法的自由与秩序冲突的基本解决原则。由于社会生活的复杂性和广泛性，作为社会主体的人的主观方面的差异，以及相关客观环境的影响，使得法的自由和秩序之间的价值冲突的原因、表现形式以及所涉及的相关利益等出现了多种多样的情况，所以在解决自由与秩序之间价值冲突的时候，应当从实在与理性、具体与抽象、现实与未来、个别与一般的结合出发，进行全面估价，再做出价值决策。这就意味着，为了解决法的自由与秩序之间的冲突，应当首先确立解决的基本原则，如表1-2所示。

在解决冲突的时候，如果有法定价值的，应先考虑法定价值优先原则，如果没有，则应当具体情况具体分析，选择最佳的解决方案来处理二者之间的冲突。

三是"与时俱进"的解决原则。与时俱进就是要根据变化了的实践不断

表1-2　解决法的自由与秩序之间冲突的基本原则

法定价值优先原则	法律是为满足人的需求而被创制的，所以自由、秩序、公平等人们所认同的基本价值必然以制度的形式明确规定在其中。法定价值优先原则即要求在法律对法的原则有明确规定的时候，应当以遵守法律对于法的价值的规定为基本准则
比例原则	为保护某种较为优越的法的价值须侵及另一种法益时，不得逾越此目的所必要的限度。即使某种价值的实现必然会以其他价值的损害为代价，也应当使被损害的价值降低到最小。比如现代交通规则，现在主要包括"红灯停，绿灯行"，靠右（或靠左）行，不乱穿马路等。表面上看是对自由的限制，但如果没有交通灯，就没有行驶的自由，会一片混乱，这样全社会付出的成本比大家都遵守交通规则付出的成本低得多。不仅交通规则，现代社会大多数的立法也是为了保障人们的自由
价值位阶原则	在不同位阶的法的价值发生冲突时，在先的价值优于在后的价值。在利益衡量中，首先就必须考虑"与此所涉及的一种法益较其他法益是否有明显的价值优越性"。一般而言，自由在先

进行创新，不断更新思想观念，跟上时代发展的步伐，抓住机遇，改造不利因素，不断开拓进取，对于自由与秩序冲突的解决方法，也应随着冲突的变化而变化。

秩序和自由所能达到的统一只能是一种动态的和谐统一。自由通过不断打破日渐陈旧的、束缚人类自由的秩序，促使能确保人类自由实现的新秩序不断产生，从而使自由与秩序获得统一。正是自由与秩序之间对立统一的矛盾运动，才使得法律不断发展、演变，也才使得人类社会不断进步。

因此，要坚持马克思主义唯物辩证法的原理，积极探索自由与秩序冲突不断变化发展的规律性，主动地、不断地完善法律制度，使法的规范指导符合不断变化的客观实际，这就是"与时俱进"的解决原则。

当然，自由与秩序冲突的情形常常过于复杂，其相关原则、依据及处理规则还有待人们进一步研究，在解决冲突的同时，也有利于促进社会的和谐发展。

法治状态下自由与秩序的和谐发展

秩序是法律的基本价值或最低价值，自由是法律的终极价值，二者应该是和谐发展的。这里的"和谐"是指自由与秩序在统一的基础上所要达到的最佳状态：既具有充分稳定的社会秩序，又具有足够的自由空间。

一、"法律之上"原则

在法治社会里，自由与秩序和谐发展的关键，取决于"法律之上"的原则能否真正落实及法律如何运作。

"法律之上"，即法律具有至上权威。对内而言，宪法处于法律位阶的最高端，一切其他法律违反宪法无效，法律高于行政法规、规章和命令。对外而言，法律高于任何权力、法律高于任何其他规范、法律高于任何个人。任何权力必须在法律之下，不承认凌驾于法律之上的任何权力；任何其他社会规范与法律冲突无效；任何人的权威都在法律之下，任何人都必须遵守法律规定的义务。

之所以要强调"法律至上"原则，是因为法律是最为理性的，现代法治社会里，法律是最为平等的，最为民主的，最能保障权利、控制权力的，追求最大多数人的最大利益的社会规范，只有法律才能真正地、最大范围地保障自由，构建一个稳定合理的秩序。

二、法的制定和法的实现

17 世纪英国哲学家约翰·洛克说："法律的目的不是废除或限制自由，而是保护和扩大自由，这是因为在一切能够接受法律支配的人类状态中，哪里没有法律，哪里就没有自由。"所以，法的运作情况直接关系到自由与秩序能否和谐发展，其中法的制定和法的实现是关键。

法的制定是立法机关创制、修改、废止法律的活动，也称立法。立法原则集中反映了社会的基本价值追求，自由与秩序的关系处理得如何要看采取怎样的立法原则。我国《宪法》并未规定立法原则，我国学者对立法原则的表述不甚统一。沈宗灵教授将立法原则表述为：立法必须以《宪法》为依据；立法必须从实际出发；总结实践经验与科学预见相结合；吸收、借鉴历史的和外国的经验；以最大多数人的最大利益为标准，立足全局、统筹兼顾；原则性和灵活性相结合；保护法律的稳定性和连续性与及时立、改、废相结合。

总之，法律应当在自由与秩序的平衡下合理配置政府权力，权力要与维护自由所需要的秩序相当。在这个前提下，执行层面的各级政府除了让公民服从法律外，不能利用权力对他们施以法律之外的强制，这样就排除了政府以专制的方式行使权力的可能性，个人自由与社会秩序的平衡得以实现。

第二章 互联网冲击下的时代秩序

> 互联网改变了人们原有的生活秩序，电子商务活动对社会经济产生影响，同时信息膨胀也在一定程度上引发了网络秩序混乱。面对互联网冲击下的时代秩序，为了建立良好的网络秩序，网民要提高素质，加强个人法律意识和道德素养，在网络行为自律方面要建立社会制约机制，同时，全社会要共同努力，通过有效的途径和方法构建良好的网络秩序。

互联网对原有生活秩序的影响

在人类历史上，从来没有任何一项技术及其应用像互联网一样发展这么快，对人们的工作、生活、消费和交往方式影响这么大。随着高度信息化网络社会的到来，人们在生产和生活方式、观念和意识等方面也必然会发生翻天覆地的变化。

其实，任何事物都有它的两面性，互联网也是如此。对于它所带来的积极的、正面的影响，人们比较容易看到，宣传和肯定也比较充分，而它所产生的消极的、负面的影响却往往被人们忽视。最起码，在各个单位和个人都忙于上网的今天，我们对互联网的消极作用和负面影响的研究和关注还是远远不够的，而如果忽视了这一点，又可能使社会及其成员付出沉重的代价。

一、互联网普及的积极影响

一是互联网的普及使人们的工作方式更加灵活。互联网的普及，改变了传统的工作方式。一个山里的孩子可以通过电子信息网络，像城市中的孩子一样聆听著名教师的教诲。一个缺医少药的山村，可以请名医通过网络来诊断病情。网络技术的发展，使办公出现虚拟化，公务员在家里同样可以完成自己的任务，特别是在交通堵塞、自然条件恶劣的情况下，虚拟化办公的优势更加明显。

二是互联网的发展为人们提供了多姿多彩的生活方式。在互联网上，人们不再只是被动的消费者和受众，人们可以通过参与自己感兴趣的生产或生活过程，成为生产者和创造者；人们也可以通过互联网选择最优的教育和医疗服务；人们还可以通过虚拟社区享受交友、娱乐、购物的乐趣。比如，人们可以将喜爱的信息随心所欲地发布给公众，也可以用各种方式下载自己感兴趣的任何信息；可以在方便的时候看某一节目，可以在自己设定的时间播放新闻联播，还可以网上取款，避免来回折腾的痛苦；以互联网作舞台的商业活动，可超越时空的限制而展开；大学生网上求职也比较多，网上求职方便快捷。这些都极大地改变着人们世世代代延续下来的传统的生活方式。

二、互联网普及的负面影响

一是"互联网综合症"和网络自由带来的问题。上网的人中有大部分是游戏爱好者，他们乐此不疲，出现了一系列"互联网综合症"。有些对网络"一往情深"者，特别是一些青少年，甚至发展到为了上网而放弃学业。网络的自由度使得一些年轻人感觉那是一个无拘无束的空间，因此有人在网上发表种种议论和情绪，包括对任何事物的爱恨情仇。网络让好多年轻人找到了一个宣泄心中不满情绪的空间和场所，但是一旦网页上的仇恨情绪蔓延，很有可能引发现实生活中的仇杀。1998 年美国就有一个 22 岁的大学生，因对一个热门话题的看法不同而被两名青年所恨，结果被殴打虐待而死。

二是互联网的隐蔽性，将导致人们不道德行为和违法犯罪行为增多。比如某一主机，在互联网上一般是查找不到的，由于没有确定的标识符号，所以很容易在庞大的网络上伪装，这很容易导致网络诈骗的发生和网络病毒的传播。网络犯罪的隐蔽性主要表现在：作案范围一般不受时间和地点限制，可以在任何时间、任何地点到某省、某市甚至某国作案；犯罪人对犯罪结果发生的时间可以随心所欲地控制；作案时间短，长则几分钟，短则几秒钟；犯案不留痕迹，没有特定的表现场所和客观表现形态，不易识别、不易被人发现、不易侦破，犯罪系数高。犯罪手段的隐蔽性给网络管理和执法带来了巨大困难。

三是作息时间受到冲击。网络也会改变人们的生活秩序，网络所形成的"即时化"时间制度也会带来新的社会问题，它会使人们共同的日常作息制度受到冲击。有人说，在一个企业里，一开始进职场的人都嗜睡，有了一定级别就开始早起，随着级别的升高，起床的时间也越来越早，到了很高的级别后，就又开始猛睡了。李开复曾患淋巴癌，根据医生的说法，其患病的原因是作息时间不规律和承受压力太大。有员工曾说，"他经常和年轻人比赛熬夜，半夜回邮件。跟他工作的人不少都有这样的经历，下半夜两三点给他发邮件，他很快就会回复，他的睡眠质量很差。"熟悉李开复的人士也曾说，除了偶尔陪伴家人，他基本上都在工作，没有节假日。李开复曾说，以前读博士时，基本上一天工作 16 小时。

四是个人隐私容易泄露。正当的个人隐私作为人的基本权利之一，应该得到充分的保障。然而，这种权利在网络时代却遇到了前所未有的挑战。在传统社会中，个人隐私比较容易保密，而在网络时代，人们的生活、娱乐、工作、交往等都会留下数字化的痕迹，并在网上有所反映。一方面，网络服务商为了计收入网费和信息使用费，需要对客户的行踪进行详细的记录，由于这种记录非常方便，因而可以达到十分细致的程度；另一方面，政府执法部门为了查找执法的证据，也有记录人们行为的需要。这就产生了个人隐私与社会服务和安全之间的矛盾和冲突：对个人而言，他的隐私权应该得到保障；对社会而言，他又要对自己的行为及其所产生的后果负相应的责任，包括经济责任、法律责任和道德责任等，因而，其行为又应该留下可资查证的原始记录。这个问题如果处理不好，就不仅会影响个人的权益和能力的充分发挥，而且会影响网络社会道德和法律约束机制的建立和完善。

总之，随着电子网络的迅速扩张和网络社会的逐步崛起，传统的时空观念和生存体验将发生巨大的变化。但同时我们也应该看到，即将到来的网络社会并非一片纯净的天空、一个数字化的乐园，它可能会导致社会秩序的混乱、制度的解构、文化的消解、人格的分裂，并成为形形色色文明垃圾的衍生地，各种各样社会问题的温床。我们在欢呼网络社会到来的同时，指出网络社会问题的严重性，不是为了否定和阻碍网络社会的进程与发育，而是为了提醒人们要时刻注意网络社会问题的发展，以避免社会信息化、网络化进程中给人类社会的政治、经济、文化和社会心理造成过多的危害。只要人类社会协同合作、共同努力，就一定能缔造出一个真正美好、和谐的网络社会！

电子商务活动对经济的影响

电子商务指交易当事人或参与人利用现代信息技术和计算机网络（主要是互联网）所进行的各类商业活动，包括货物贸易、服务贸易和知识产权贸易。电子商务将对传统行业带来一场革命。电子商务是在商务活动的全过程中，通过人与电子通信方式的结合，极大地提高商务活动的效率，减少不必要的中间环节，各种线上服务为传统对外贸易活动提供了全新的服务方式。

一、改变商务活动的方式

传统的商务活动最典型的情景就是"推销员满天飞"，"采购员遍地跑"，"说破了嘴、跑断了腿"，消费者在商场中筋疲力尽地寻找自己所需要的商品。现在，通过互联网只要动动手指就可以了，人们可以进入网上商场浏览、采购各类产品，而且还能得到在线服务，商家们可以在网上与客户联系，利用网络进行货款结算服务，政府还可以方便地进行电子招标、政府采购等。

二、改变人们的消费方式

网上购物的最大特征是消费者的主导性，消费主权掌握在消费者手中，同时消费者还能以一种轻松自由的自我服务的方式来完成交易，消费者主权可以在网络购物中充分体现出来。同时，因为网上购物会有一个信用评价系统，所有购买过的人都可以对商家的服务或是产品进行评价，以此来约束生产和销售活动，而传统商务做不到这一点。另外，因为电子商务将传统商务的很多环节给省去了，所以会相应地降低成本，让客户买到更多既实惠又质优的产品。

三、改变企业的生产方式

由于电子商务是一种快捷、方便的购物手段，消费者的个性化、特殊化需要能够完全通过网络展示在生产商面前。为了取悦顾客、突出产品的设计风格，制造业中的许多企业纷纷发展和普及电子商务。如美国福特汽车公司在 1998 年 3 月把全世界的 12 万个电脑工作站与公司的内部网连接起来，并将全世界的 1.5 万个经销商纳入内部网，福特公司的最终目的是实现能够按照用户的不同要求，按需供应汽车。

四、对传统行业带来一场革命

电子商务通过人与电子通信方式的结合，极大地提高商务活动的效率，传统的制造业借此进入小批量、多品种的时代，"零库存"成为可能；传统的零售业和批发业开创了"无店铺"、"网上营销"的新模式；各种线上服务为传统服务业提供了全新的服务方式。

五、带来一个全新的金融业

在线电子支付是电子商务的关键环节，也是电子商务得以顺利发展的基础条件。随着电子商务在电子交易环节上的突破，网上银行、银行卡网络支付、银行电子支付系统以及电子支票、电子现金等服务，将传统的金融业带入一个全新的领域。

六、转变政府的行为

政府承担着大量的社会、经济、文化的管理和服务的功能。在电子商务时代，当企业应用电子商务进行生产经营、银行金融电子化，以及消费者实现网上消费的同时，将同样对政府管理行为提出新的要求，电子政府或称网上政府，将随着电子商务发展而成为一个重要的社会角色。

总而言之，电子商务将带来一场史无前例的革命，不仅带动经济结构的变革，对现代经济活动产生巨大的影响，还会对社会经济带来超过商务本身的影响。

信息膨胀引发的网络秩序混乱

在全球信息系统中，信息垃圾很多，有的学科领域甚至占到 80%。同时，由于科学技术飞速发展，知识更新速度不断加快，知识老化现象明显。此外，虚假信息传播者有意识地传递虚假错误信息，误导、诱骗消费者，甚至还有一些无从证实的传闻、流言、诽谤等污垢信息被恶意传递。所有这些都充斥在信息社会中，成为人们信息处理的负担。这种网络秩序混乱现象具有现实的社会危害性，应加强管理。

一、网络信息膨胀的含义及其成因

信息量与信息价值呈正比关系，即信息越多，从中获得的价值越大。信息量与信息价值的正比关系存在着一个临界点，到达临界点之后，信息量越大，总体价值反而开始降低，这就是信息膨胀。信息膨胀问题已经成为我们生活中难以避免的一个问题。网络信息膨胀是指网络信息随着现代信息技术的发展急剧增加，过量的"垃圾"信息充斥网络站点，诸如信息失实、信息冗余、信息超载、信息过时、淫秽信息、电脑病毒等，致使网络信息的检索成本不断上升，如查询时间延长、经济损失严重、查询结果不理想等。网络信息自身的价值随着网络信息量的增加而贬值，二者呈现出反比关系。

网络信息膨胀的原因是多方面的：

第一，传播速度快、范围广，是网络传播的最大特点，也是其最大的优势，然而，又反过来造成了信息的膨胀和过剩。

第二，在互联网领域里，网站的交互性越强，边际收益递增就越明显，大量信息的产生也导致了互联网信息产品的生产过剩。信息过剩不仅仅是过剩，与之相伴随的还有信息的质量问题、信息的信用问题，等等。这些对互联网的发展都带来了不利的影响，又反过来对信息使用者带来不便。

第三，网络信息中存在任意夸大、缩小、捏造、剪辑、畸弯、拼凑、克隆得到的信息，低水平重复、老化失效、无限泛滥和内容不健康的无效信息，都可以不受限制地在互联网上发布，这就使得网络信息的真实性和可靠性无法得到保障。

第四，法律规范的滞后导致信息膨胀。法制规范的滞后，使得各类网站的建设无法可依，信息发布处于无序状态，重复信息、无用信息充斥网络，造成大量信息失实、冗余、超载，信息膨胀问题严重。

二、编造和传播虚假信息的危害

随着互联网的快速发展，近年来网络谣言也在滋生蔓延，既有针对公民个人的诽谤，也有针对公共事件的捏造。网络谣言不仅败坏个人名誉，给受害人造成极大的精神困扰，更会损害国家形象，影响社会稳定。在当前我国全面建设小康社会的关键时期，网络谣言的危害不容小视，必须依法惩处。

在网络上编造和传播虚假信息，这种行为可能造成现实世界"社会秩序"的混乱，而且危害往往更大。比如，2008 年的"蛆橘事件"让全国柑橘严重滞销，2010 年 2 月的地震谣言令山西数百万人街头"避难"，2011 年 2 月的江苏省盐城市响水县"爆炸谣言"引发大逃亡，造成 4 人遇难，2011 年 2 月的"皮革奶粉"传言重创国产乳制品，2011 年 3 月 QQ 群里散布谣言引发全国"抢盐风波"，2011 年 11 月的"滴血食物传播病毒"传言引发恐慌等。

三、依法维护网络正常秩序

法律之所以能带来秩序，是因为秩序的真实含义是社会中人们的行为是统一和合乎规则的，法律是由国家创制的行为规则，是统治阶级以国家名义发布并为全社会人们所遵循的行为准则，其目的正是为了规范和统一人们的行为。

2014 年 10 月 9 日，最高人民法院颁布《关于审理利用信息网络侵害人身权益民事纠纷案件适用法律若干问题的规定》（以下简称《规定》），同时公布 8 个利用信息网络侵害人身权益的典型案例。《规定》首次划定了个人信息保护的范围，它与之前出台的 《关于审理侵害信息网络传播权民事纠纷案件适用法律若干问题的规定》、《关于办理利用信息网络实施诽谤等刑事案件适用法律若干问题的解释》，共同形成了有关互联网法律问题的裁判规则体系。

总之，网络信息膨胀给我们带来的时间上、经济上和查询效果上的不利影响，使我们在信息爆炸的时代里能够更充分更高效地寻找信息、利用网络，而不是被信息所淹没。网络秩序如同物理世界的秩序一样，既关涉一个国家社会的重大利益，也关涉个人人格、人身、财产利益。因此，网络秩序的构建和维护，不仅需要网络使用者洁身自好，并通过一定的技术手段处理垃圾信息，更需要适应网络环境的法律予以规范。

正确利用互联网言论自由的特性

互联网是一个无国界的虚拟自由王国，在网络上信息是自由流动的，用户有言论自由、使用自由。在互联网时代，公民的言论自由因为互联网的特殊性而呈现出新的特点。较之传统社会公民的言论自由，互联网使公民更充分地行使自己的言论自由权，对社会的进步和民主的发展有巨大的推动作用，但也带来了不少问题。面对这把双刃剑，我们应当趋利避害，在充分保障公民行使网络言论自由权的同时，采取适当的措施减轻网络言论自由权滥用带来的不利影响。

一、互联网时代言论自由的特征

互联网时代的到来，使人们深深感受到科技带来的变革。在言论表达领域，互联网虽与传统的口头、书面或者媒体等一样作为言论表达的工具，但是互联网的特殊性使言论自由越来越表现出不同于传统社会言论自由的特性（见表 2-1）。

表 2-1　互联网时代言论自由的特征

言论主体的匿名性、平等性	互联网在人类生存的真实世界中创建了一个虚拟的世界，为人类提供了一个虚拟的空间。在这个空间里，任何人都可以不使用自己的真实身份，而是通过虚拟一个人或几个人来代表自己在互联网上畅游。匿名性使得在现实中有着重重顾虑的人可以在网络中寻找到认同、安慰、发泄，规避法律和道德的责任，无所顾忌地表达自己的思想。而且，每一个上网的人都可以在网上就某一主题发表自己的言论、观点，且不需要任何资格、资质和审核手续，尽情地畅所欲言。因为每个人的言论在网上表现出来的都是无差别的字符，不带有任何身份色彩，能够引起其他网民关注的只有文字的内容和其所要表达的思想。互联网使人们言论表达具有了远甚于传统媒介的平等性
言论内容的随意性、多样性	互联网是一个高度开放、自由的空间，任何人都可以不受拘束地发挥、想象，表达自己的见解。况且互联网上的信息量相当庞大，在其中畅游总会遇到自己感兴趣的话题，免不了发表自己独到的看法。可每个网民的知识文化水平、思想观念有所差异，对同样的问题存在完全相反的看法也是在所难免的。所以，这些言论会涉及方方面面，内容的随意性、复杂性、多样性可想而知
言论传播的便捷性、快速性	在互联网体系中，每有一个信息发送中心，任何一位网络使用者在任何一部联网电脑上都可以向网络发送信息或从网络接收信息。一旦信息进入网络，就会自动分散复制，向所有计算机终端传输。也就是说，在互联网上，只要有人上传消息，立刻就会被广大的网民知晓。互联网的高效性和即时性使得言论可以传播得更加快速、便捷，使言论具有更加丰富的含义，也使人们拥有了更广泛的言论自由
言论影响的广泛性、深远性	互联网可以将全世界千百万台电脑联系起来，彻底打破了地域的局限，实现了最广泛的参与。所以，一条小小的信息或者言论就有可能为全世界的人所知晓，一个小小的事件有可能成为世界焦点。同时互联网作为一个双向交流的平台，网民们各自发表思想观点，热情地参与交流。在论坛中发表网帖，对某一话题、观点展开讨论，利用 QQ 等各种即时通信工具聊天等。这样的网络言论使众多网民积极参与并形成聚合力，促使一些热点事件在社会上产生广泛而深远的影响

二、互联网时代言论自由的影响

言论自由在互联网上的体现和快速的发展，给人们的生活以及社会带来巨大的影响，具体体现在以下两方面：

第一，积极影响：互联网为人们提供了自由的交流平台，促使人们充分地表达自己的观点和思想，保障了人权。人们在互联网上自由地发表对社会热点问题的看法，与其他网民探讨、分析社会热点，使众多的信息置于公众的监督之下，从而使信息更加公开透明，弘扬了社会正义。同时，言论自由在西方被看作是民主制度的基石，是推动政府行政职能发生变革的力量，可以逐渐推动政治民主进程的发展。互联网时代言论自由的积极影响在公民、社会以及国家发展方面具有不可取代的作用。

第二，消极影响：因为网络言论自由具有不同于传统言论的匿名性、随意性、传播快速及影响深远性，言论在互联网上也不可避免地表现出片面性、非理性、欺诈性等。因此，以互联网为媒介的言论自由会出现一些不尽如人意的负面影响：产生了侵犯公民名誉权、隐私权等大量侵权问题；虚假的、欺诈性的、过于偏激的信息严重扰乱了社会秩序，危及社会安定；对国家公权力的胡乱评论或者间接地指责严重影响国家正常的管理秩序，甚至危及国家安全。

三、加强公民法律和道德素养

互联网言论的健康发展，不能仅仅依靠国家权力的干预和互联网行业的自律。由于互联网自身的特殊性，这两种力量是不可能全面发挥的。归根结底，个人法律和道德素养的高低决定着互联网言论自由的发展趋势。究竟是要展现言论自由在互联网上的积极作用？还是要倾向于消极影响？这就要看广大网民的素质了。在所有的素质中，法律和道德素养应当是最重要的。

首先，应该具备最基本的法律知识。但是，言论从来不因为本身的善（价值）就赢得法律的保护。相反，每一次具体的言论保护，都是相关利益的角力，即言论之外某一价值对言论后果的权衡与配置。即使你所发表的言论是正确的、是真实的，但只要该言论侵犯到他人、集体或者是国家的利益时，它就是不合法的，就要受到法律的制裁。况且从法律的角度来看，它也不会因为你不懂法，而赦免你所犯下的罪过。所以，任何网民都应该不予发表那些可能会侵犯他人隐私权、名誉权的言论；并且及时举报那些虚假的信息、扭曲事实的政治性言论、危及国家安全的言论，这应当是网民们应具备的法律素养。

其次，道德的约束不可忽视。一方面，加强自身的道德素养，增强对危险、有害信息的抵抗力，可以填补法律对某些领域无能为力的真空。另一方面，网民道德素养提高，会增强其对互联网上信息真伪的明辨力，使其认真思考和对待互联网上的大量信息。对于其中有益的信息加以吸收和消化，对其中有害的信息自然会加以屏蔽，不会以讹传讹，这对于在互联网言论自由下传播的有害信息带来的深远影响具有一定的抵制作用。所以，加强网民的道德素养，对于净化互联网环境，更好地发挥公民言论自由权有益无害。

因此，加强法律和道德素养，一方面可以减少恶意言论的发表，另一方面也可以使网民明辨网络虚假信息，减少此类信息的传播，最终防止滥用网络言论自由权。

总之，在互联网这个独立的空间中，公民言论自由权被赋予许多新的内涵，促使其发生了巨大的变革。互联网给网民提供了充分行使言论自由权的空间，可种种问题的出现不得不引起人们的关注。但是我们相信，在我国加强关于网络言论立法背景，尤其是在提高公众个人素质和加强互联网行业监管的情况下，互联网这把双刃剑必定会为我们有益利用，扬长避短，成为公民表达个人意志、促进社会公平正义、完善国家民主的强有力工具，从而真正实现网民的网络言论自由。

网络行为自律的社会制约机制建设

在如今的信息社会中，网络是一个全新的社会平台，要维持这个虚拟平台的有效运行，良好的网络行为是不可或缺的。网络行为的规范分为内在的自我约束和外在的社会制约。当今网络行为的自律存在一定缺失，只有通过社会的制约机制，才能完善内在的自我约束，从而保证自律和他律的有机统一，创建良好的网络平台秩序。

一、网络行为自律和社会制约的含义

网络行为的自律，是以"慎独"为特征的自律性道德，是指无需任何外部的监督和控制，仅以网民的自我约束，就可以遵守的道德规范和道德准则。自律并不意味着没有规则、没有秩序，更不意味着不需要他律。自律是在他律的指引下逐渐形成的，是行为主体在反复践行外在行为准则的过程中不断内化、升华的结果。

社会制约，也就是与"自律"相对的"他律"。网络行为的社会制约，即网民实施网络行为，接受来自社会诸如法律、道德规范的制定、技术监督等方面的约束。社会制约实质上是为网络社会装上"警示灯"，使得网民在进行网络活动时能受到规则的指引，感受监督的存在，从而规范自己的言行。

在规范网络行为中运用自律和他律两种措施，使得两者可以相互促进。通过他律措施来抑制恶的蔓延，从而发扬善的成分；善的发展则又影响到个人自律水平的增强，使得个人自愿遵守法律法规，从而为网络的有序发展创设良好的环境。

二、当今网络行为自律的缺失

随着上网人数、上网时间的增多，网民存在一定程度的"网络综合症"，会导致自我迷失、意志消沉、心理压抑等不良现象的发生，进而排斥对周围生活环境的参与与融合，引发各种心理问题，造成一些网络行为的失控。

网民在沉溺于虚拟网络开放性、可选择性的同时，容易忽视责任归属感和社会约束感的缺乏。很多调查结果显示，网络空间容易模糊现实生活中人们所拥有的正义感，降低人们的提防心，相当数量的网民对待网络色情等网络垃圾是包容而不是抵制，对待中奖信息等网络诈骗是轻信而不是怀疑。

网络空间中，个人的行为和言论是难以追诉的，因此，网络道德需要靠网民"慎独"来规范个人行为。网络社会中网民自律的缺失，越发凸显社会制约的必要性，应充分发挥社会的制约机制，通过外在的"他律"转化成为内在的"自律"。

三、建立网络行为自律的社会制约机制途径

针对网络行为自律的缺失，社会制约机制应从以下几个方面建立和完善。

一是政府。政府是从事管理、控制、协调和组织社会经济文化等事务的公共组织。政府不能依靠传统的行政命令调拨和限定人们的网络行为，而应根据人们的网络需求，从社会公共利益出发，确保网络秩序的正常运行（见表2-2）。

表2-2　政府对网络行为的监督和规范方式

行政立法规范	我国政府结合互联网发展状况，制定了一系列法律法规，为依法规范网络行为和保护我国互联网的健康有序发展提供了法律依据。为应对网络信息化的挑战和满足网民的需要，我们还必须在原有法律法规的基础上进一步完善各项法律制度，优化网络环境。以法律法规的明文来具体规范网络行为，从而使网民在实施网络行为时有所顾忌，不触碰法律底线
行政执法监督	无论是网络立法，还是对网络行为的规范，以及互联网基础设施的建设规划，都离不开政府的支持。因此，政府设置专门部门来控制、规范互联网事业是十分必要的。政府应通过自上而下的管理体制和特别的监控部门，对社会上到部门行业，下到网民个人进行管理

网络技术控制	从技术层面限制一些不良的，甚至犯罪的网络行为，以确保网络畅通安全。网络技术控制包括防火墙技术、数据加密技术、身份认证技术，等等。这些技术对于维护网络空间的秩序和正常运行，促进网络社会的正向发展是必不可少的。虽然目前通过这些技术并不能彻底地解决问题，但网络行为在社会控制与管理上的困难之处可以得到一定程度的化解

二是媒体。当下，大部分网民会按照媒体对问题的强调程度来调整自身对问题的看法以及行为。由此可见，媒体在网民网络行为中的引导作用是非常强大的。因此，要充分发挥媒体对于网络行为的规范作用。媒体又分为传统媒体和网络媒体两种。对待两者，我们要加以区分并会融合运用：

第一，发挥传统媒体优势。传统媒体诸如现实生活中报纸、电视、广播等，是受众了解最新时事的媒介，对受众舆论起主要的引导作用。首先，要发挥传统媒体拥有庞大受众群体的优势，扩大"网络行为应自律"这一观念的影响力。其次，发挥传统媒体的舆论力量，使网络下的社会也形成一种"网络行为必须自律"的舆论氛围。最后，传统媒体也有一些不足，比如时效性不强、更新慢等问题，这就需要由网络媒体来弥补了。

第二，发挥网络媒体优势。网络媒体对于网民了解网络最新动态亦起到舆论引导的作用。首先，网站应在纷繁杂乱的网络中树立自己的媒介形象，增强新闻品牌的传媒公信力，得到网民信服，有助于舆论方向的引导。其次，各新闻媒体间须达成共识，树立正确的网络行为意识，报道优秀的网络行为自律的经典案例、批评不良网络行为及其带来的后果，使舆论围绕正确的网络行为，营造出良好的网络氛围。最后，要增强网站从业人员的素质，为做好宣传工作提供良好前提。

三是学校。学生作为当今网民的主力军，其思想活跃，但正处于思想和心理欠成熟、分辨能力较差、理智意识缺乏的时期，且自我控制和约束力也较差。很多学生怀着好奇心和求知欲进入网络世界，对于各种各样的信息，不知该如何选择，不管好的坏的都一并收入眼底。网络垃圾的传播会影响学生的网络行为，使其失去正确的价值取向，从而产生严重后果。因此，在网络行为自律的社会制约中，学校是必不可少的一份子。学校应从以下几个方面着手，使外界的"他律"转化为学生网民的"自律"，如表2-3所示。

表2-3　学校进行网络规范的方式

优化校园网络环境	很多学生经常会去校外的网吧上网，主要是因为校园网络供不应求、网速慢等多方面原因。从硬件上和技术上搞好校园网络的建设，以吸引学生在学校上网，这样既给学生提供了一个优良健康的上网环境，满足了学生上网的需求，也便于学校对于学生网络行为的管理和规范
开展规范网络行为教育	网络行为的教育应迅速纳入学校德育工作的范围。首先，培养学生的网络法律意识，增强法律观念。让他们了解网络方面的法律、法规，知晓怎样是正当的网络行为，并且维护在网络中的合法权利，进行自我保护。其次，用文明的网络伦理规范来引导和教育学生，让学生建立起思想上的"防火墙"。大力倡导"遵纪守法、诚实信用、健康文明"的道德行为，提高学生辨别能力和防御能力，共建健康、有序、诚信的和谐网络环境
丰富网上网下实践活动	学生的思维、人生价值观正在逐步形成，他们更愿意用自己的发现和思想主导自己的行为。因此，举办一些活动，让学生自主选择并主动参与其中，以培养他们的判断能力，使他们能够在网络信息化浪潮中清晰地辨别好与坏，自觉抵制不健康因素的诱惑与腐蚀

　　四是社区。社区是我们生活中的群众基础综合性机构，是与居民的生活密切相关的基层组织。因此，从社区工作入手来规范网络行为，是非常有利的切入点，也是新形势下必要的工作手段。其工作方式见表2-4。

表2-4　社区规范网络行为的方式

把规范网络行为纳入社区工作范畴	网民和社区居民很大程度上是重合的，所以对于社区居民的管理，很大程度上能影响到网民网络行为的规范。因此，必须从虚拟网络回归到现实生活中，把规范网络行为纳入社区工作范畴，树立工作意识，确立工作目标
开展教育宣传网络行为规范活动	在新形势下，要树立开展规范网络行为活动的意识，转变工作方式，以达到最优的教育效果。比如，以多种形式普及规范网络行为的法律法规等知识，包括开展讲座、举办展览、上门分发知识手册，等等；开展社区居民互动性活动，让居民身体力行地参与其中，以切身的感受认识到规范网络行为的必要性，达到教育的目的
做好社会力量和社区居民桥梁工作	社区是生活中不可缺少的群众基础机构，不但要成为社区居民间的媒介，更要成为社会与社区居民间的桥梁。比如，社区工作者应做社区居民的信息"过滤器"，去糟存精后，再向居民传达健康有益的信息。在规范社区居民网络行为的过程中，更要整合社会力量和社区自身力量，共同优化社区网络环境，发挥最大功效

网络行为自律的形成要经过一个复杂和渐进的演变，当经过严密的外力约束形成"自然反应"时，他律即转化为自律，实现自律与他律的有机统一。我们必须大力倡导网络行为社会制约机制的建立。随着社会制约机制的深入发展和不断完善，我国的网络行为必将会沿着积极健康的道路发展下去。

构建良好网络秩序的途径和方法

当下，互联网日益成为社会舆论传播的主要渠道，网络言论的自由必须得以保障，但在此基础上，也必须要有一定的边界——自由是需要秩序来维护的。自由和秩序紧密相连、不可分割，自由是秩序的目的，秩序是自由的保障，离开了秩序的自由是不存在的。哪里没有秩序，哪里一定没有自由。我们越追求自由，就越需要秩序，因此需要全社会共同努力，通过有效途径，采取科学方法，构建良好的网络秩序。

一、倡导互相尊重的秩序

在中国人看来，君子之道就是"己所不欲，勿施于人"。今天，我们同样也需要"网上君子"。

在网络空间里，不同肤色、不同民族、不同文化、不同语言的人们，共同享有参与权、表达权、发展权。虽然各国国情和文化传统不同，但我们应当摒弃偏见、尊重差异、包容开放，特别是要尊重网络主权，不搞网络霸权，不把本国的利益凌驾于他国的利益之上。我们要共同携手，致力于构建一个互相尊重、平等相待的互联网发展秩序。

二、倡导信息共享的秩序

互联网的本质属性就是传播信息、共享信息。当今时代，信息引导着资本，影响着决策，决定着交易。一个企业、一个机构，能否通过信息把握市场规律、预测市场前景、发现市场机遇、控制市场风险，是核心竞争力的重要方面。掌握信息的多寡也是一个国家软实力、影响力的重要标志。

目前互联网上存在的许多问题，都与信息传播的不客观、不全面、不平衡、不对称密切相关。当今世界，20%的人口占有80%的信息资源，80%的人口只享用不到20%的信息资源，出现了这种"二八分立"的格局，形成了很大的信息鸿沟。我们应当致力于打破信息壁垒，消除信息鸿沟，让信息在互联网上自由、安全、有序地流动，成为可以共享的财富，从而更好地造福社会、造福人类。

三、倡导传播正能量的秩序

2012年中国十大流行语中，"正能量"一词位居榜首。这个词的流行源于英国心理学家理查德·怀斯曼的《正能量》一书。在当今中国，"正能量"被赋予了更多的内涵，所有积极的、健康的、催人奋进的、给人力量的、充满希望、充满爱心的人和事，都是"正能量"。

正能量就是要给人向上的信心和希望，鼓励大家爱国家、爱社会、爱生活，追求一切美好的事物。我们所做的一切，最终都是为了传播正能量。正能量没有国界，如果每个人都通过互联网传播正能量，世界一定会变得更加美好。

四、倡导文明和谐的秩序

互联网是时代进步的产物，是现代文明的象征，肩负着弘扬优秀文化、传承文明成果的重要使命。但是也要清醒地看到，网上还存在大量不良信息，特别是那些色情暴力信息，对未成年人的身心健康造成了极大危害。不涤清互联网上的"污泥浊水"，必将影响社会风尚、影响未成年人成长、影响互联网健康发展。

文明进步是全人类的共同追求，我们应坚持文明办网的原则，引导网民文明上网，营造健康和谐的网络环境，积极运用互联网这一现代传播工具，弘扬世界优秀文化，推动社会文明进步。

五、倡导维护安全的秩序

互联网是全球共用的信息平台，是你中有我、我中有你的"利益共同体"，面对网络犯罪、黑客攻击、侵犯隐私等全球性挑战，任何国家都不可能在安全问题上"独善其身"。在网络空间里，牺牲他国安全来维护本国安全难以为继，排斥他国诉求去谋取本国利益也不会长久。

对每一个网民来说，我们每一个个体都是维护网络安全秩序的"最后一道防线"。我们将现实生活搬到了网上，现实生活中的道德和自律也不能落下。只有这样，社交网络才能卸去其不能承受之重，而我们才能更自由地在网上倾诉生命不能承受之轻。

六、倡导依法治理的秩序

良好的秩序，必须靠规则来维护。互联网是自由开放的平台，人人都有麦克风，人人都有话语权，但遵守法律是基本准则，底线不可逾越。对于网络暴力、网络谣言、网络欺诈等互联网上的"毒瘤"，必须强化底线意识，坚持依法治网。

依法治网包含了三重含义：依法办网、依法上网和依法管网。实现依法治网，需要互联网的管理者、网站主办者以及广大网民的共同参与、建设和努力。只有三方同心共智、同频共振、同力共举，才能建设出一个健康、有序、和谐的网络空间。

中国古代思想家孔子认为，一个真正心智成熟的人，可以做到"从心所欲，不逾矩"。在这个美好的互联网时代，我们在享有自由权利的同时，也应当承担建立秩序、维护秩序、捍卫秩序的责任。

第三章 "互联网+"下的秩序重建

> "互联网+"对每个企业、每个人都是新的挑战和机遇，它带来的是一个新的秩序，所以必须考虑秩序的重建。要对"互联网+"下的行业秩序创新进行思考，认识到创新与秩序的并重并行，思维、理念与模式的更新，注重满足消费者需求下的企业价值创造，建设企业新的公共关系秩序等。在摸索的过程中要随时提醒自己，要抓住关键，而不是皮毛。

"互联网+"下的行业秩序创新思考

在不少人看来，互联网戳中的是市场软肋，它用更加贴合用户的创新和更低廉的成本迅速打破了传统的利益格局，在市场上占有一席之地。从打车神器到互联网金融的各种"宝们"，互联网的每一次创新都带来了"鲶鱼效应"，激活了市场，也带来了行业新秩序的建立。如此巨大的变化，不能不引发的"互联网+"下的行业秩序创新思考。

一、有秩序的持续创新是企业的最高境界

一个企业的最高境界是什么？应该是那种朝气蓬勃的有秩序的持续创新。这是任何一个成长型企业都所希冀的东西，也是最难掌控和达到的。

秩序与创新似乎经常处在非此即彼的尴尬之中。最经典的情况莫过于"一抓就死，一放就乱"的描述。在我们所熟知的许多领域，这一描述还是非常精确的。具体到一个企业，秩序和创新自由真的是不可调和的矛盾吗？应该不是。经典的"中庸"似乎可以解决这个问题，但是事实上问题不是这么简单。一个企业经济秩序的好坏，只与一个人有关，那就是企业的一把手。在所有权与经营权都集中在一个代表资本力量的人的身上的时候，这一点尤为突出。

我们经常听到这样的议论："制度有一大堆，就是执行难。"为什么会产生执行难呢？最主要的原因是制度的解释人和企业的领导人使制度的标准化程度不断地降低。许多时候，领导的一句话，就可以使一个日常事务的流程发生翻天覆地的变化。因为他是领导，所以我们经常拿他没办法，比如企业实行"一支笔"审批制，要求基层干部审核逐级审批，可最后领导直接审批了。财务人员说"领导，你不能这样"。领导有些生气地说"就是这样办"。但有时候，领导情绪变了，也要求按规范来走这个流程，那么秩序（制度）就变成了领导做事情的一个工具，是一条"变色龙"，这是执行难的一个原因。另一个原因是制度本身的不合理，没有与时俱进，没有按照有利于组织、团队的能量发挥最大化的原则，以及部门、岗位协同的原则来修订。就使人有削足适覆之感而厌恶制度，这些总出问题的制度一般主要在人的激励考核、资金使用等方面，而具体的业务型工作流却不是很多。

事实上，秩序是领导者的重要管理工具，是"无为而治"的重要载体。但是由于上述原因，经常使秩序无序，组织也变得非常灵活，内部矛盾也层出不穷。同时还有另外一种情况，就是秩序僵化和不合时宜，扼杀了组织的创造性。

秩序到底是提高了组织的效率还是降低了组织的效率，那是不同情况下的事情。但是显然，有一定规模的经济组织并且它要寻求更大的生存和发展的时候，必须要有健康的秩序，并且有合适的修复与演进秩序的秩序。

创新是一个经济组织的灵魂。在任何时候，创新的停滞就是组织的停滞，但是我们也很清楚，在一个组织内部许多时候是分不清一件事情的创新属性和破坏属性的，创新的风险就在这里。对制度、对秩序的突破许多时候并不完全是按程式来的，比如领导者对审签程序的变动就是这样的情况，似乎也算创新，但本质上却是破坏。

二、创新对秩序的革新与重建

企业创新的地方，都要有一定的秩序来支持。包括推翻既有秩序的支持，这一点尤其重要。但同时，创新方面最难的不是技术创新而是管理创新，这需要自我革新，虽然这实在难以下手。事实上，尽管许多时候创新是对生产关系的变革，具有很多不确定因素和风险性，但经过创新，会使企业资源组织水平得到提高。管理有创新，经营有秩序，这是创新的意义所在，也是创新的至高境界。

一个创新的企业，必定是一个由刚柔并济的秩序所支持的企业，是一个可以无限创新的企业，这实在是非常难得的。那些卓越的企业就是这样的，那些企业的秩序在不断扩张的过程中被创造性地破坏和重新建立，企业在市场中一如在自己的自由王国里。

如此看来，创新和秩序，一样也不能少！

"互联网+"，加什么都不能缺秩序

"互联网+"行动计划的提出和落地实施，围绕"互联网+"的本质形态，人们谈论了很多自己的想法，其中有理想、有理性、有理念，更有文明和谐、安全有序、公平正义、相互尊重、氛围清朗等互联网新秩序的诉求，人们期待媒体和企业能担负起这种社会责任，成为互联网良性生态环境的参与者、建设者和引领者。

"互联网+"，加什么都不能缺秩序。在技术创新、内容创新、商业模式创新、应用创新的词典里，一定要加上"秩序"二字！只有创新与秩序并重并行，互联网的下一个 20 年的轮回才能更人性、更精彩、更迷人！

一、"互联网+"，加出新商业秩序

一个全新的模式正在颠覆传统企业，过去的秩序将不复存在，取而代之的将是以消费者需求为导向，所有的产品、服务将以消费者为纽带创造价值。这就是"互联网+商业"。

"互联网+"时代，中国商业将进入 3.0 时代，它将使商业跟消费者之间实现良性互动。在传统外贸中，众多交易环节包括制造商、分销商、出口商、进口商、批发商、零售商、消费者等，每个环节都要赚取利润。同时，进口商要什么就生产什么，常常为大批量、低价格生产。而在通过互联网平台交易后，则会根据零售商的购买记录和反馈让生产商对产品进行个性化加工。

在"互联网+"时代，企业和用户之间是零距离，原来企业大规模制造变成大规模定制，生产也转向以市场需求为主导、以消费者为中心。消费者买到货品或享受完服务后交易才算真正开始。因为互联网会将消费者的消费习惯及反馈记录下来，通过大数据分析并反馈给生产商或服务商，等下次消费时，他们会提供适合消费者的、根据消费者的反馈改进的商品或服务，以吸引消费者再次消费。

未来，在"互联网+"背景下，各类电商、服务商、货品供应商与零售商将围绕消费者需要进行深度合作，呈现出更多体验、社交、生活服务和购物融合为一体的全新商业模式。可以说，互联网时代将建立起一个全渠道、全体验——以"用户为中心"的商业新秩序。

二、传统企业如何参与"互联网+"背景下的商业新秩序

谈到企业成功的关键要素，很多人都会想到战略、创新、人才、文化等重要因素。这些因素当然是重要因素，但除此之外，有一个很容易被人们忽视的要素，这就是秩序。事实上，面对新的发展机遇，有序的企业氛围有益于激发员工的斗志，激励员工为公司做出更大的贡献的同时，为自己获取更多的个人利益。而一旦秩序失控，则可能给企业带来灭顶之灾。

传统企业自身存在很多固有的问题，那么，在转型升级过程中如何注重秩序建设，参与"互联网+"背景下的商业新秩序呢？主要是两个方面：一是查找企业秩序混乱的原因，二是在转型升级过程中处理好有序经营与发展速度的关系问题。

导致企业秩序混乱的重要原因主要有以下几方面：

第一，制度体系不合理。制度体系是在企业管理中对员工行为进行引导、约束和制衡的重要手段。企业的秩序是建立在员工群体行为的基础上，所以企业的制度体系对于维持企业的秩序起着至关重要的作用。在企业内部倡导员工竞争是提高企业活力，使优秀人才脱颖而出的有效手段。但是否"有序"，则是企业内部竞争能否达到既定效果的关键。有序的内部竞争配合合理的考核激励制度可以有效地调动员工的工作积极性，促使员工提升自身能力、改进工作绩效。但失去控制的、无序的内部竞争，则往往起到适得其反的作用，使一些投机者获得利益，企业反而受到严重损失。

第二，企业决策者自身的问题。企业决策者对于企业秩序的建立、维护、变革起着重要的作用，企业秩序混乱的很大原因在于企业决策者自身。在企业决策者方面，主要有四种情况：一是企业管理者自身的行为风格、思维习惯多变，经常朝令夕改，让下属无所适从；二是企业管理者习惯于将自己置身于企业制度之外，排斥制度的约束，无视体制的制衡，使企业公信力、企业制度的严肃性在员工心目中轰然倒地；三是企业管理者个人威望不高，能

力有限，导致企业决策者对企业的整体控制力不足；四是企业管理者处理企业内部问题时不公正，特别在处理内部恶性竞争时。这种行为对于企业内部秩序是最大的损害，使得无视企业秩序的人从中受益，而积极维护企业秩序的员工却受到心灵上的伤害。

第三，宗派的原因。宗派的产生源于该群体中的个体之间具有共同的利益和需求，在这个宗派没有阻碍企业整体发展的情况下，企业的管理者也同样应该尊重他们的利益和需求，采用"大禹治水"的方式因势利导，正确地维持企业内部的良性竞争，发挥各自群体的积极作用。当然，如果该群体或个人在企业内部已经蜕变成了"癌细胞"，它的存在已经威胁到了企业的生存与发展，则应坚定不移地予以清除。

找到了原因，接下来的问题就是要处理好有序经营与发展速度的关系。企业的有序经营与高速发展是一对矛盾，在转型升级过程中，处理好二者的关系可相互促进，处理不好则可能给企业带来严重损失，甚至是灭顶之灾。

与传统社会相比，互联网更为平等、开放、自由，这自然也要求企业组织结构更为扁平化，要求传统的代表秩序的、层级森严的金字塔形的组织结构转变为代表自由的、平等的、扁平化的组织结构。海尔等公司把之前的大事业部划分成一个个面向用户和市场的"阿米巴"，以便更灵活地满足用户的需求。为了平稳过渡，首先必须控制好速度，提高速度的前提一定是保证和谐平稳。所以我们绝不能片面强调发展速度，而忽视了企业秩序。

随着企业管理者控制力度的改变，"无序"和"有序"有时也会相互转化，我们在充分重视企业秩序的同时，也不要片面、僵化地强调有序。随着企业管理者控制力度的提高，在企业有序经营与发展速度方面，可以逐步地偏重于提高发展速度。总是习惯于在初级状态下低速滑行，不愿或不敢面对"互联网+"的挑战，这肯定不是一个触网企业应有的心态。

总之，只有具备公平、公正的市场秩序，形成统一开放竞争有序的现代市场体系，市场才能合理配置资源。而传统企业参与"互联网+"，更要注重自我调整，处理好有序经营与发展速度的关系问题，这样才能纳入"互联网+"下的新商业秩序，成功完成转型升级的历史性蜕变，实现华丽转身。

"互联网+"下的思维、理念与模式

"互联网+"不是简单的"+"，而是思维理念模式上的"+"。这其实是需要企业能够顺势而为，充分利用互联网在生产要素配置中的优化和集成作用，将互联网的创新成果深度融合于企业转型中，不断提升企业的创新力和创造力，满足目标消费者的需求。

一、"互联网+"不是简单"加法"

"互联网+"行动计划出台后，有的企业病急乱投医，迫于销售压力频频"触网"，花费巨资试图打造自己的所谓 B2C 电商平台，但基本都以失败告终。其实，明确为哪类消费群体服务，能满足目标消费群体什么样的消费诉求，为目标消费群体创造什么样的价值，这些都需要在"触网"企业商品经营上下功夫，满足目标消费群体需求，给自己一个标识，让目标消费群体更容易找到或想找到。

"互联网+"对企业的影响，不仅是连接方式、消费方式、消费形式的改变，更是生产方式、商品和服务供应链组织方式上的一次深刻变革。因此，"互联网+"不是简单"加法"，而是作为智慧商业的本质特征将推动形成有利于创新涌现的生态。也就是说，"+"不仅仅是让技术上的"+"，建立起人、店、商品的数据关联，掌握目标客群的消费习惯和消费行为，更是思维、理念、模式上的"+"。企业将最优性价比的有形和无形的商品和服务出售给最终消费者的销售活动，关键是如何利用"互联网+"提升商品的性价比和商品运营能力。

表 3-1 "互联网+"的六大特征

跨界融合	"+"就是跨界，就是变革，就是开放，就是重塑融合。敢于跨界了，创新的基础就更坚实；融合协同了，群体智能才会实现，从研发到产业化的路径才会更垂直。融合本身也指代身份的融合，客户消费转化为投资，伙伴参与创新等，不一而足
创新驱动	中国粗放的资源驱动型增长方式早就难以为继，必须转变到创新驱动发展这条正确的道路上来。这正是互联网的特质，用所谓的互联网思维来求变、自我革命，也更能发挥创新的力量
重塑结构	信息革命、全球化、互联网业已打破了原有的社会结构、经济结构、地缘结构、文化结构。权力、议事规则、话语权不断在发生变化。互联网+社会治理、虚拟社会治理会是很大的不同
尊重人性	人性的光辉是推动科技进步、经济增长、社会进步、文化繁荣的最根本的力量，互联网的力量之强大最根本地也来源于对人性最大程度的尊重、对人体验的敬畏、对人的创造性发挥的重视。例如 UGC，例如卷入式营销，例如分享经济
开放生态	关于"互联网+"，生态是非常重要的特征，而生态的本身就是开放的。我们推进"互联网+"，其中一个重要的方向就是要把过去制约创新的环节化解掉，把孤岛式创新连接起来，让研发由人性决定的市场驱动，让创业并且努力的人有机会实现价值
连接一切	连接是有层次的，可连接性是有差异的，连接的价值是相差很大的，但是连接一切是"互联网+"的目标

随着互联网技术的运用，电商的崛起，让传统企业原有的优势（口岸、渠道、供应链、顾客群）份额已不再明显。"互联网+"将成为趋势。

二、传统行业的"互联网+"机会

事实上，每一个传统行业都孕育着"互联网+"的机会。在寻找"互联网+"的过程中，应该首先注意到用户所处的环境变化。

用户每天面对 PC 屏幕，同时越发依赖手机屏幕。家中的智能电视有一天会像手机、平板电脑一样，里面布满各种 APP。而汽车里的那张屏也正在被挖掘，"车联网"的概念刚刚兴起。因此可以断定，用户对未来的生活是希望在多屏的环境中随时随地用到互联网。而这样的服务会以一个"互联网+"的形式存在，从而重新改造和创造企业今天所有的产品。其实对用户而言，他们未来不会关心他是通过接入网线、Wi-Fi、移动网络还是电源线上网，不会关心他用的是 iOS、Android 还是 Windows。因为他们面对的每一个面都可以是一张屏，通过它们能将用户和互联网、企业所提供的应用和服务随时随地联系在一起，这就足够了。

也许对创业者来说，当熟悉了这样的一个路径之后，我们基于"多屏全网跨平台"的理念，与行业结合，才有机会再往前迈一步，我们的传统行业才能真正转型，从而创造新的局面。

总之，"互联网+"不仅包括制造业，也包括电子商务、工业互联网、互联网金融以及创客创新，是一种全面融合。这种融合不是简单的叠加，不是一加一等于二，而一定是大于二，其中关键就是创新，只有创新才能让这个"+"真正有价值、有意义。因此，"互联网+"，加的是思维，加的是理念，加的是模式。

"互联网+"下的价值创造与消费者需求

对于长期经营实体的传统企业来说，企业过去对于产品的研发、营销的传播和服务的改善，更多是依靠企业自身建立的系统来完成的，只要将消费者的需求定义清楚，将商业模式确定好，将营销的通路建设完善，再通过各种媒体把信息传递给消费者，基本上就可以实现利益回报。但随着"互联网+"行动计划的实施，传统企业需要实施跨界"触网"，完成转型升级，原来的模式已经很难保证一个企业能够取得绝对的竞争优势。来自任何一个角落的消费者都可能通过网络对企业的产品和服务提出自己的看法，甚至希望与企业进行互动，并希望他的意见得到充分重视。

消费者的需求由于互联网上各种新的社群的形成、信息的快速扩散，以及沟通工具的变化，产生了巨大的不确定性。转型中的传统企业如果不能实时地倾听消费者，或许企业的产品和服务就无法满足消费者的需求，甚至企业讲出来的营销故事消费者根本就不爱听。因此，企业的营销进入到 2.0 时代，也就是消费者参与价值创造的时代。

在没有"触网"之前，企业的理念是"我生产什么消费者就购买什么"，而在"互联网+"下，供需理念已经转变成"消费者想买什么我就生产什么"。所有的企业都可以通过建立社区和平台，将产品或活动的设计、执行传播开来让更多的网友来参与，从而收集消费者的智慧创意，并提供相应的激励政策维持参与者的兴趣，这样的模式不仅可以拉近品牌与消费者的距离，同时也可以让消费者成为价值创造者。

在消费者参与创造价值的时代，企业建立消费者互动的网络社区，让消费者提供自己的需求、对新开发的产品进行投票、征集消费者对产品的创意等，这只是一个总体思路。其实在这个过程中，利用互联网特有的大数据可以发挥出更大的作用。全球知名咨询公司麦肯锡称："数据，已经渗透到当今每一个行业和业务职能领域，成为重要的生产因素。人们对于海量数据的挖掘和运用，预示着新一波生产率增长和消费者盈余浪潮的到来。"大数据时代为传统企业开辟了新天地。

大数据时代的来临对于企业来说或将是一个新的机遇，企业可以通过分析消费者的购买需求，创造产品价值。

一、利用大数据分析消费者需求

无论是什么产品，最终面对的都是消费者。从消费者角度去评价自己的产品和服务是企业必做的功课。但顾客又不会清楚地表达我需要什么。于是，体会、挖掘和洞察顾客需求就成了企业一个重要的功课。经营商家需要了解消费者喜欢什么样的风格，什么价格会是他们愿意接受的范围，近距离贴身观察消费者的表情、神态，深入地与消费者沟通，仔细推敲他们的话，深入挖掘他们的潜台词。

二、根据消费需求，创造产品价值

消费者在哪里，你的商业就在哪里，和消费者站到一起是经营的最高境界。格力董明珠说："谁抛弃顾客，谁就是死路一条。"道理没人反对，但并不是所有的企业都能真正地敬畏顾客，并且全心全意地去满足消费者需求，从而创造企业价值，而这正是企业成败的分水岭。

其实，消费者就是消费者，把消费者当消费者就是了，消费者的重要性是可以决定企业的生死兴衰的。谁能满足消费者需求，谁就可以成功，"用户至上"是"互联网+"时代永恒不变的竞争法则。

总之，网络世界的巨大容量、及时的更新、无可比拟的信息处理能力，都给消费者对于商品的需求提供了前所未有的选择空间。这种多重选择必然使消费者在选购商品时增加了更多的可比性，从而能够使其更加理性地选择自己的需求。所以，"互联网+"下企业应该利用大数据做好消费者行为分析并采取相应措施，这是企业创造新的价值的不二之选。

"互联网+"下的公共关系秩序建设

没有规矩不成方圆。没有秩序，社会便无法正常运行。"互联网+"下的企业公共生活领域越扩大，对公共生活秩序化的要求就越高。如何有效地利用互联网的传播力，塑造企业公关传播主体良好的形象、实现企业利益、有效预防网络的公关危机，已经成为企业必须面对的一个重要话题。关注"互联网+"下的公共关系秩序建设，意义也在于此。

一、"互联网+"下的公共关系秩序新挑战

传统的公关传播手段，局限于举行新闻发布会，组织媒体参观工厂或研发中心，组织高层专访、维护日常媒体关系等，手法相对来说比较单一。在"互联网+"下，这种传统公关传播手段受到极大的挑战。

表3-2 "互联网+"下公共关系秩序面临的新挑战

快速反应	企业的一个负面报道会在非常短的时间内呈现在互联网的各个角落，从而使得公关人员的应对时间被极大地压缩，带来了极大的挑战
全面反应	在互联网时代，公关人员面对的媒体日益增多，尤其需要随时追踪新的技术、动态和关注点。例如，一开始网民可能会在若干的门户聚集；后来网民的兴趣分散了，可能会在一些大型的论坛聚集；而现在的网民则可能出现在一些社区或者是一些更加新型的Web2.0社区空间。而公关人员如果想要针对受众进行定向传播，就必须研究网络受众的行动规律，从而达成传播的规律
新技术和新应用	在"互联网+"时代，新技术和新应用层出不穷。公关人员必须随时予以关注，否则很快将被时代淘汰。正如时代不会同情一个不会电脑打字、不会在手机内书写短信的老年人一样，互联网时代也不会原谅一个对最热门的在线游戏毫无所知的公关人员

二、"互联网+"下的公共关系秩序的应对策略

企业应该如何化解"互联网+"带来的挑战，适应"互联网+"时代的新发展呢?

一是利用网络媒体进行公关传播。企业公关人员利用互联网的一个直接方式是，通过在企业官方网站、有影响力的门户网站或者垂直媒体放送新闻来实现网络公关。在具体的公关宣传中，公关从业人员需要确定新闻题材类型配比，根据不同传播目标（如品牌、战略、技术、产品等），进行不同文章类型的配比（如新产品发布和上市、产品评测、产品选购、企业新闻、行业新闻等）。网络的互动性还为公关更深入参与营销、融入营销提供了全新的机会。

此外，网络媒体的监测对于危机公关的意义是非常重大的。网络新闻的传播速度是非常快的，这要求公关从业人员要能在第一时间获得相关资讯，

表3-3 企业公关人员利用网络媒体进行公关传播可选择使用的策略

稿件发布	公关传播的方式可以是首先在网络媒体定期发布稿件，让自己的品牌和产品在网络世界保持一定的提及度，并且可以被利益相关者关注到；其次是在网络媒体进行大规模专题化的运作，也有助于用户对企业或者组织的服务有更深刻和全方位的了解
在线访谈	利用某个特定机会，如展会举办、新品发布或某个特殊意义的事件发生之际，邀请公司的高管进行在线访谈，与网民进行在线互动宣传公司的产品和品牌。还可以让企业相关负责人到网络媒体去讲述相关的事件、品牌，分享企业或者自身的成长经历、理念，与网民互动，从而拉近企业与利益相关者的距离
专题页面	专题又分为常规专题和特殊专题。常规的新闻专题是网站自发，企业配合性的综合专题。特殊专题则是以企业事件为焦点，通过图片、文字链、视频等形式组成的单一专题。专题能够通过整合的文字、图片、链接和视频等综合形式来传达企业或者产品的综合品牌形象，从而形成受众的较大程度的关注和兴趣

及时应对。很多公司在危机出现的时候，委托公关公司24小时不间断地监控网上信息。第一时间获得网上相关信息是非常重要的，有助于提高应对的效率，维护公司的品牌。

二是利用网络论坛进行公关传播。网络论坛是公关传播的一个重要阵地。在这个双向交流的平台，个体可以很方便地跟企业主体互动，因此在设计网络传播方式的时候，要注意通过新的创意和策略，让受众与内容互动起来，主动传播和分享体验，从而实现公关传播的价值。

表3-4 网络论坛的传播分类

常规传播	只需要全面撒网，发布大量普通帖子，用最短时间最大化影响目标受众。特别是一些事件推广的时候，可以采用此操作办法，操作上尽可能以集中时间内完成为主
定向需求传播	需要置顶、加精、热帖、平帖、首页出现等各种传播方式有效结合，与企业需求内容与传播主题有直接关系

值得注意的是，在网络论坛进行公关传播也有一定的伦理底线，不应该抹杀具体的事实，不应该成为舆论操纵的工具，而应客观公正地进行有效的公关传播，宣传企业的品牌和价值。

三是利用博客进行公关传播。此外还有其他公关传播方式，如播客和Flash等。就博客而言，作为一种个性化基础上的社会化媒体，通过引发交流和讨论，从而影响一个互相关联的群体，散发出去的及其本身的影响将会影响到媒体和公众。博客中一些博主本身就具有"意见领袖"的特质，他们有比较广泛的影响力。另外，博客通过博客文章、RSS 等方式将观点广泛分享，还能被搜索引擎常年搜索，也可能被一些主流媒体转载。

表 3-5　博客公关的 3 种形式

1	公司专门开办一个博客，聘请专门的（咨询、公关）人员乃至记者为其写作和管理，及时、透明地发布公司的信息与评论。如以新产品营销为目的的单一事件博客，比如搜狐与柯达携手举办的"柯达数码相机神秘西藏之旅"活动博客
2	鼓励、引导雇员写作博客，介绍和评论公司的发展，讲述自己的切身体会。如 IBM、金山等公司的员工团队博客
3	由总裁（或经理）自己或专人写作和管理的总裁博客，将公司发展与个人的成长经历和评论融合起来，以塑造公司领头人的良好公众形象为目标。通过企业博客和企业高管博客，对企业的形象和品牌进行宣传，是企业公关的一个重要的渠道和窗口。企业的利益相关者通过企业或者高管的博客，可以更深入地了解到企业，形成良好的互动关系

总之，"互联网+"为传统企业运用互联网公关传播提供了很多新的机会与挑战。机会在于互联网给公关提供了界面更加便捷、互动性更强的平台，挑战在于随着技术的进步和时代的变迁，企业公关人员必须熟悉网络传播的规律和特点，才能应对随时可能出现的危机，做到趋利避害，取得更高的关注度和更强的影响力。只有这样，互联网公关才能更好地支持营销、维护企业形象、树立企业品牌。

第四章　传统秩序的价值与精髓

传统秩序并非由某些古往今来不变的原则推导得来的，而是在演化中存续下来的。研究传统秩序价值，如中国传统法律秩序的价值、优秀传统秩序中的"黄老之根"、中国传统文化中的包容与秩序规范，以及"天人合一"、"协和万邦"、"天行健，君子以自强不息"等，对提升国人道德水准、维持良好的社会秩序意义重大。

优秀传统文化是中华民族的软实力

文化实力和竞争力是国家富强、民族振兴的重要标志。正如习近平同志在全国宣传思想工作会议上所指出的那样，要"讲清楚中华优秀传统文化是中华民族的突出优势，是我们最深厚的文化软实力"。

学习传统文化对于提升国人道德水准、维持良好的社会秩序意义重大。事实上，在大秩序时代，面对西方文化的冲击，我们的确有必要重新审视中华优秀传统文化，发掘其传承与创新的现代意义和价值，凝聚实现"中国梦"的强大内生力量。

一、中国传统文化的八大精髓

一个国家的文化软实力主要表现为自己的话语体系、价值理念、思维方式、人文科学、生活方式、社会制度等方面，为本国人民所认同、遵循、自豪，为世界人民所接受、羡慕、敬仰。中华文化是中华民族生生不息、团结奋进的不竭动力。中华文化蕴含着优秀的传统，其主要体现在如表4-1所示的八个方面。

表4-1　中华文化的主要体现

国家民族的统一意识	在我国漫长的历史发展过程中，国内诸民族经历了战和更替、聚散分合、迁徙融汇，却始终不曾割断共同的文化传统，文明认同始终如一。而能够达到这一境界的根本因素就是国家统一的理念渗透于中华民族的血液之中，成为人们一致的价值取向与理想追求
为政治国的民本要求	民本思想萌生于西周初年，当时的统治者在政治思想领域提出了"敬德保民"的命题。春秋时期，"重民轻神"、"恤民为德"成为较为普遍的思潮。儒家继承了这些宝贵的思想资源，形成了"以民为本"的政治主张。秦汉以降，"重民爱民"成为历代王朝宣称的基本政治原则之一。这对于缓和社会矛盾、维系社会相对稳定产生了深远的影响
社会秩序的和谐意愿	和谐是中国传统文化的重要命题，儒、墨、道、法、兵等主要思想学派对和谐思想都有深刻阐发。例如，儒家提倡"中和"，强调"礼之用，和为贵"，注重人与人之间的和睦相处；道家追求人与自然的和谐，提倡遵道以行，率理而动，因势利导，合乎自然，海涵宽容，从而建立起自然和谐的治国秩序；墨家倡导"兼相爱，交相利"，主张实现个体与社会的有序一体、道德与功利的和谐一致
伦理关系的仁义主张	仁义是中国古代处理人际关系、治理国家的基本理念，并以此为核心形成了一整套伦理价值观念。这些观念可以用"仁、义、礼、智、信"五个字来概括。以此为基础，确立了一系列解决和处理各种复杂社会关系、满足封建社会伦理基本需求、完成个人人格健全的道德规范
事业追求的自强精神	早在《周易》中就有了"天行健，君子以自强不息"这种事业追求上的奋斗精神。孔子主张"三军可夺帅也，匹夫不可夺志也"，孟子提倡"舍生取义"，推崇"大丈夫"精神，这些都已经成为中华民族的普遍心理认同。正是这种根深蒂固的文化传统，塑造了无数志士仁人的高尚人格，磨砺了中华民族生生不息的自强精神
解决矛盾的中庸选择	"中庸"就是合宜的分寸、合宜的"度"，恰到好处，收放恰宜。孔子提出"中庸"的概念。在孔子看来，凡事都必须做到不偏不倚，无过无不及，不走极端。孔子把这种"中庸"之德定位为极高的道德境界与政治智慧，这是人们处世接物的高明艺术

止于至善的崇高追求	《礼记·大学》："物格而后知至，知至而后意诚，意诚而后心正，心正而后修身，修身而后家齐，家齐而后国治，国治而后天下平。"儒家认为，自天子以至于庶人，当以修身为本。正心诚意的修养，个人道德的完善，是治家、治国、稳固天下的根本。这是一种积极向上的理想，影响了中国一代代志士仁人，也是古代读书人为之奋斗一生的理想追求
社会理想的小康大同	小康，最早源自《诗经》："民亦劳止，汔可小康。"而作为一种社会模式，小康最早在《礼记·礼运》中就已系统阐述，成为仅次于"大同"的理想社会模式。它相对于"大道行也，天下为公"的大同社会，是"大道既隐，天下为家"的理想社会的初级阶段。"大道之行也，天下为公"是对理想社会的描述和追求

中国优秀传统文化塑造了中华民族醇厚中和、刚健有为的人文品格和道德风范，不仅对中国的经济和社会发展发挥了巨大影响，为中国人的文化性格和行为方式的形成奠定了深厚的历史基础，而且对人类文明的发展产生重要而深远影响。

二、继承和发扬传统文化的现实意义

当前，我国社会正处于转型期。随着社会主义市场经济的深入发展，我国的社会经济成分、组织形式、就业方式、利益关系和分配方式也日益多样化，引起社会思想文化呈现出多元化的倾向。一方面，欧美文化开始渗透到我国社会生活的方方面面；另一方面，历史虚无主义思想泛滥成灾，有相当多的国人对优秀传统文化了解甚少，还无端蔑视、反感传统文化，以致于思想混乱，道德失范，理想动摇，信仰苍白。表现为一些领域诚信丧失，假冒伪劣、欺骗欺诈活动大肆蔓延；一些地方封建迷信、邪教和黄赌毒等社会丑恶现象出现；一些人价值观发生严重扭曲，拜金主义、享乐主义、极端个人主义滋长，以权谋私等消极腐败现象屡禁不止等，极大影响和制约着经济社会又好又快地发展。现实迫切需要大力倡导优秀传统文化。

在这个大秩序时代，我们要充分发掘中华传统文化的优势，全面认识祖国的传统文化，取其精华，去其糟粕，使其与时代特征相适应，与现代文明相融合，自觉实现民族文化现代化，从而凝聚实现中国梦的强大内生力量。

中华民族的民族精神，是中华民族走向伟大复兴最可宝贵的精神支柱与力量源泉，是我国文化软实力的首要资源和重要基础。通过优秀传统文化的教育和传播，重新树立国民的民族自尊心和自信心，形成认同中华文明的时代意识和振兴中华文明的使命意识。要打造具有中国特色、中国风格、中国气派的哲学社会科学理论学术话语体系，讲好"中国故事"、解读"中国道路"、传播"中国价值"，全面提升中国文化软实力。

对中国传统法律秩序价值的分析

中外思想家很早就注意到社会秩序的问题。16 世纪英国哲学家 T.霍布斯用社会契约论来解释社会秩序的起源：独立的个人为摆脱"人自为战"的混乱状态，相互缔结契约，形成社会秩序。中国古代思想家们提出的"治"，表示社会的有序状态和社会秩序的维护与巩固，"乱"则表示社会秩序的破坏和社会的无序状态。

经过超过一个半世纪的伴随着血与火的巨大历史变迁，特别是经过 30 多年的改革开放，中国正在步入具有自身文化特点的现代文明秩序的大门。对中国传统法律秩序价值的分析，对构建和谐社会具有重要的实践意义。

一、传统秩序中"以礼入法"的积极影响

中国长期以来一直都被称为"礼仪之邦"，这表明中国不仅有秩序，而且有让"近者悦，远者来"的文明秩序。"以礼入法"所引起的中国秩序原理的变化及其深远的意义就是明证。汉唐至北宋，中国传统的农耕文明达到了辉煌灿烂，在当时的世界上，文治武功、发明创造都处于领先地位，展现出雄健豪迈的气象，取得了举世称羡的成就。

其实，礼的本质无非是人际关系的制度化形态，是特殊的持续型人际关系的法律再现，是在互惠原则和礼乐教化的基础上形成的"关系秩序"。这种法的发展对中国当代社会产生了极其重大的影响，社会关系网的普遍存在、企业发展中家族关系网络的建立，无一不是关系秩序思想的体现。而且关系秩序并不是区别于法律秩序而与之并立的非正式的民间秩序，它是被编织到法律秩序当中成为正式的国家制度的一个永久的组成部分。

由此，中国传统法律文化是在不断修正本民族习性、不断消化、吸纳、延展自己民族法律文化的过程中成长起来的，它形成了自身独特的法律精神品格和制度特征，蕴含了丰富的法律价值因子。当然这些法律价值因子与现代法治还存在一定的距离。正是因为认识到这一点，我们才要深入中国传统法律文化的价值体系中去挖掘符合我们现代法治精神的"器物"，将其打磨、饰新，成为我们今天可以依托的精神动力。

二、传统秩序观的核心是"无讼"

在中国现代法治发展的过程中，国家立法以及相应的司法和执法活动已经成为现代法治中最显著、最突出的因素，社会生活秩序也表现为由制定法以及根据制定法而产生的有关国家机关的活动。但现代法治的发展不仅仅是立法、执法和法律制度的变革、实践过程，从本质上说也是在扬弃传统法律文化价值的基础上重塑法律文化的过程。

以秩序原理而论，在中国传统观念中，"秩序是以权力来维持的，权力的话语因而遮蔽了权利的正式表达，权利依攀权力成为自然天理"。于是，民众的利益追求表现为被动性，国家制定什么样的法律，法律中表达何种利益安排，民众就自然而然地以国家制定法的方式来实现他们的利益诉求。这既是统治者希望达到的秩序状态，也是民众认可、依从的秩序理想。因此，国家制定的法律就成为王权的象征，是王权的外化和延伸。而王权一旦纳入法律，民众以"诉"的形式伸张私利，就被视为是对王权秩序的干扰和冲击，于是，

"诉"是被严格限制的。限制了"诉"也就维护了王权,即维护了秩序,维护了秩序也就维护了王权。"对王权主义的维护及农业社会对稳定的强调诞生了传统中国人的'秩序情结'。""无讼"即成为传统秩序观的核心内容。

现代,人们保留了国家权力机关制定法律的形式,以体现国家权威和法律权威,但同时民众对正当利益的追求,对平等的追求也在真正意义上纳入宪法、法律。法治的建构趋于完整,因为法治一方面表现为实现国家秩序或社会治安的手段,另一方面表现为在保障个人自由和权利的同时对国家权力施加必要的限制。传统秩序原理欠缺的恰是后一方面。但没有传统秩序原理的积淀,现代法治也不会顺理成章地建立。因此,传统秩序观与现代法治的这种相通相容也正是这一话题的意义所在。

三、中国传统秩序观的现代价值

发掘中国传统秩序观中符合现代法治精神要素的观念、制度,并以此为基础构建中国现代法治的秩序形态,是大秩序时代秩序建设的最终目的。

从价值选择角度说,中国传统法律文化在把秩序作为价值目标时其内涵极其特殊。中国理解的秩序就是和谐,这种和谐在很大程度上是以治国方略、治国措施的方式表达的。上至国君,下至百姓,都要以"和为贵"的立场和"仁"的原则修身齐家平天下,实现个人和社会、个人和国家的和谐与统一。和谐的理想和中庸之道所蕴含的宽容理念反映在法律意识上就形成了"无讼"的价值取向。

中国传统的调解与调判的目的不是对双方权利义务的确定,而是为了平息特定的争讼,达到表面上的秩序和谐。官府所要做的就是大事化小,小事化了,变有讼为无讼。为避免诉讼,传统中国以调解方式作为阻隔矛盾、消化利益冲突的最基本、最广泛的方式。这种方式至少在形式上契合了现代法治对秩序和安定的需求,它可以为当事人节约解决纠纷的成本,对缓和社会矛盾和对抗、消除滥讼现象、减少人际交往以及社会诸种交易的成本、维护社会的基本价值、达成社会的整体和谐具有重要意义。

在现实法制生活中，争讼是必然的。现代法治是我们追求权利、实现社会秩序和谐统一的目标所在，传统的无讼、息讼观是我们民族追求权利平衡的潜在出发点，它同样是社会有序化的目标。只不过在现代"无讼"的目的下，我们选择实现这一目的的手段和方式与传统社会不同罢了。现代社会其实也是追求"无讼"境界的，司法的终极目标就是定纷止争，最大限度地解决诉讼当事人之间的利益纠葛，平息矛盾。但现代社会是以民主、自由的手段来达到"无讼"境界的。而传统社会实现"无讼"目的依靠的是刑、礼。

国际上对我国的调解制度也赞誉有加。我国在继承传统调解制度的过程中可以说是一波三折。20世纪80年代，人民调解制度全面恢复和普及，至90年代中期，人民调解发展到高峰期。90年代中后期，正如所有的研究者都注意到的那样，人民调解的作用出现了明显的下降。下降的原因，是当时中国正处在社会转型期，高速发展的社会经济催生了利益多元化，社会纠纷多发、复杂，而这时法律规则及程序又处于高度不确定或不健全的状态。在这种情况下，纠纷解决的最好渠道就是诉讼，它可以迅速建立一种规则机制。

总之，传统的秩序观在现代法治的压迫、推动下趋于合理与完善。而对传统中国法律秩序价值的分析，使我们重新看到了传统观念、制度中的合理因素，以新的眼光吸纳这些合理因素以适应不断变动、发展的法律秩序，对构建和谐社会具有重要的实践意义。

中国传统秩序中的道德法律化

道德法律化是中国传统秩序中法文化的重要内容，对维护中华文明的繁荣发展起到了重要作用，但到了近代，摆在面前的问题是：怎样借鉴中国的道德法律化传统，建立适合中国国情的现代化法治，成为亟待解决的问题。

一、中国传统文化为道德法律化提供文化积累和经验支持

中国传统文化是以儒家文化为主体的，儒家的伦理道德包括"仁、义、礼、智、信"等，其中"仁"和"礼"是其道德的核心内容。秦汉以后，儒家的礼教思想成为中华法系的主流核心思想。儒家在吸收法家思想的基础上，实现了礼法结合、礼法一体，德立刑辅、明刑弼教的格局，中国法治走上了道德法律化历程，如表4-2所示。

表4-2　中国法制的四种形式

德法相依、 德主刑辅	"德主刑辅"思想是儒家法律思想的主要核心，孔子曰："导之以政，齐之以刑，民免而无耻；导之以德，齐之以礼，有耻且格。"道德教化能够未雨绸缪，防患于未然；刑罚只能惩戒邪恶，而道德教化在治理国家时更加能够笼络人心。相比之下，德政的功能更能治本。因此，"德主刑辅"的思想长期影响着中国的封建立法和司法活动，在中国古代法律史上占有十分重要的地位
在立法上 "引礼入法"	引礼入法，就是将礼这种道德规范引入法律，赋予法律效力，礼即为法律。它不但使法律成为"最低限度的道德"，还要使法律成为实现德化天下的至善目标的手段，不但在形式上消除了法律所独具的形式和技术上的独立意义，还从本体上消除了法与道德的争论，增强了法律的道德权威
春秋决狱、 以心论罪	原心论罪则在司法活动中引入了道德评判，强调以动机考察犯罪，在兼顾事实的同时，注重动机。在司法实践中，以缜密而且符合人情的理念分析经义和事实，合乎理性的要求，尽量寻找经义与法律制度的最佳结合点。在某种程度上限制了皇帝司法权的滥用
明刑弼教的 法律功能	中国传统法文化极端重视法律对道德的维护，最早的奴隶制国家夏朝，就严惩"不孝"罪，所谓"夏刑三千，罪莫大于不孝"，强调了法律对家庭伦理道德的维护，刑罚成为推行德和礼教的手段。古人所谓"明刑弼教"，实质上以法律制裁来推行礼教，维护伦常

总之，法律道德化是中国传统法文化的重要内容，对维护传统社会的稳定与发展起了重要作用，即使对中国法文化持严厉批评态度的孟德斯鸠也认为："中国的封建统治者就是因为严格遵守这种礼教而获得'成功'的。"本书我们讨论道德法律化，不是要恢复到"引礼入法"和"原心论罪"的时代，而是要借助道德的法律化来维护那些与我们生活有着至关重要意义的道德，提高道德实践的水平，为建立一个和谐的社会而努力。

二、秉承传统，借鉴经验，立足实践，推动现代法治进程

历史和现实的实践表明，社会的经济发展，不能以损害道德为代价，道德和法律是相互支持、相辅相成的，在"依法治国"、"以德治国"并举的治国方略的指引下，推行道德法律化，有利于法律制度的完善和公民道德素质的提高。实现道德法律化，应做到如表 4-3 所示的几个方面。

表 4-3 实现道德法律化要做到的几个方面

推行道德法律化，加强道德教育和制度化建设是前提	道德规范能否被法律化主要看它是否反映大多数人的公平正义观且为大多数人知晓，否则就难以上升为法律或者难以达到法律化的预期目的。因此，应在全体公民中进行基本的道德教育，积极推进道德规范制度化建设，使得道德规范明确化、具体化、规则化，具有可操作性，为其能够上升为法律规范做准备
推行道德法律化，严格履行法律程序是关键	道德规范不能直接转化为法律规范，必须借助严格的法律程序，才能完成这种转化，正当的法的程序被看作是现代法治的基石，既体现了法律的工具价值，也体现了法律的道德价值。在道德规范向法律规范转化的过程中，应严格履行其提出、审议、讨论、表决、通过、公布等程序，使道德法律化过程更加科学、更加合理
法律对道德的吸收要本着低层次的原则	道德法律化并不是将所有的道德法律化，只是将较低层次的道德法律化。低层次的道德可以通过立法用强制力量实现。而高层次的道德则主要体现了人们的思想、价值观念、精神层面的追求，表达了人们对未来美好社会的一种向往，是不可能法律化的，否则容易超越现实社会关系的状况，无益于对社会关系的规范和调整，将会导致精神生活领域内的专制主义
道德法律化要和保障人的基本权利相结合	西方国家在道德法律化过程中，探索出了一些行之有效的方法。履行道德法律化的义务，是以公民的个人、家庭及第三人的利益不受损害为前提的。因此我们在推行道德法律化的过程中，要把道德的义务性、法律的强制性以及个人权利的保障相结合，使得道德法律化的设计更合理、更科学
通过立法，建立道德回报机制	道德行为都是带有一定的功利目的的。恩格斯指出："一切以往的道德归根到底是当时社会经济状况的产物。"道德都是功利的，如果离开了利益谈论道德问题，则是空洞的、苍白的、甚至是危险的。道德回报机制的构建是道德关系维持和发展的必要条件，也是伦理正义的必然要求。对加强公民道德建设，推进社会主义精神文明发展有重要意义

总之，道德法律化是传统法文明的重要体现。我们应传承传统法文化中以民为本，重视亲情、诚信等基本道德与伦理的精神，为建设具有中国特色的法治文明做出贡献。

优秀传统秩序中的"黄老之根"

沿着中华文明发展的脉络，我们很容易发现中华民族是一个"有根"的民族，"有根"其实就是"有序"。这个"根"就是"黄老之根"，也就是黄帝与老子。他们一个讲生理与自然的和谐统一，另一个讲心理与自然的和谐统一，简单讲就是人与自然的和谐统一。如果把"黄老之根"植入一个民族、一个国家、一个企业或一个社团，又何愁不兴旺发达？

一、黄老之学的思想内涵

所谓"黄老之根"，指的是黄老之学的思想内涵，主要包括三方面的内容：

一是哲学主张。与古代西方的原子论不同，古代中国流行的是元气论。根据这种学说，万物都是由元气或者精气组成的，元气或者精气聚在一起，就是有形的东西；散开来就成为无形的东西。而黄老道家第一个提出了元气和精气这两个概念，并对其进行了多方面的探讨。另外，黄老道家继承了老子的观点，认为万物的主宰是虚静的道，而且正因为道是虚静的，所以才能因顺万物，成为万物的主宰。

二是社会政治主张。黄老之学在治国方面的政治思想主要体现在以下几个方面：①治身为治国的根本；②以治身方法治国；③正确的治世有助于治身；④治国和治身的目标相同，即与道合而为一；⑤治身与治世都要顺应自然秩序。

春秋战国时期，社会竞争加剧。为了因应这种局势，黄老道家第一个提出了法、术、势、利、力等概念，使先秦学术摆脱了理想主义的窠臼，开始走上了现实主义的道路。在此基础上，黄老道家又提出了道生法的主张，不但解决了法律本身的合法性问题，还为道家治世开辟了道路。另外，黄老道家还提出了因天循道、守雌用雄、君逸臣劳、清静无为、因俗简礼、休养生息、依法治国、宽刑简政、刑德并用等一系列政治主张，集中体现了中国古代社会政治学的精华。除此之外，黄老道家还提出了"天下为公"和用法律来约束君权的主张，在一定程度上体现了对专制政治的反思和批判。

三是治身主张。黄老道家主张治身治国，试图将治身和治国紧密结合起来。它以自己的哲学观点为依托，为中医学的发展奠定了理论基础。这方面的内蕴深厚，在《黄帝内经》中有详尽的论述。

二、黄老思想对汉初社会秩序及经济发展的积极作用

由于汉初统治者在政治上推崇黄老之术，因而对秦以来的严刑酷法进行了清理，形成了一个稳定、和谐、可持续发展的政治局面。

汉初几代统治者认识到要取得一个相对稳定和持续发展的政治局面，就必须努力缓和阶级矛盾，与民休息，实行无为而治，常常以秦亡为戒。于是，来自黄老思想的君道无为、刑德相辅、节欲崇俭、爱民养民的观念就很快转化成一系列切实可行的统治政策。从而既方便了汉王朝集中力量做好内部工作，又减轻了内地人民的兵役、徭役负担，更重要的是使汉王朝有充足的时间去发展经济、积蓄力量，为以后大规模的反击匈奴铺平道路。黄老之术中的"因变"思想在这里得到了充分的发挥。

黄老道家认为，生命既是贯通天地和人事的最高价值，又是道德法律的核心。黄老道家政治思想的最终理想是"致太平"。根据《太平经》，"太平"就是万物无一受伤的状态，其具体内容离不开黄老道家的世界观。太平就是实现三合相通而阴阳中和之气保持完美的协调和统一的状态。值得一提的是，汉朝的方士们还充满了救世的责任感，冒着一切风险积极干预政治，期望实现"太平"，但这不仅仅是政治行为，其目标在于阴、阳、中和三气的和谐统一。黄老道家着重批判了背离以协调、平衡、统一为基本原理的自然法则的

人类社会中的许多矛盾。例如，执着权力或者名誉等，施行有暴力性的制度，无节制地独占资源，轻视和破坏生命等。而黄老道家则以天人合一与可持续相结合为情怀，物质享受但求节制有度等作为追求的目标，实在是难能可贵。

由于汉初统治者推崇黄老之术，实行无为而治、与民休息的政策，有力地促进了汉初社会经济的繁荣。由此可见，黄老思想由学术而政治，对稳定汉初社会秩序及促进汉初经济的发展确实起到了一定的积极作用。

三、黄老思想顺应自然秩序的意义

黄老思想中顺应自然秩序的集中体现是"道法自然"、"无为而治"。之所以把这个问题单独提出来讨论，是因为它更加契合现代人所提倡的"自然秩序"理念。

在道家看来，"道"起作用完全在于它"顺应自然"，听任万物之变化。所谓"道法自然"是指道之生生不息，乃因其听任万物之自化。老子认为，最理想的社会是"天下有道"的社会，而判断标准在于是否合乎"自然"。"自然"指的是不假人为而自成的意思。"自然"是"道"的本质，"道"是"自然"的表现。统治者只有顺应自然，推崇自然法，按照自然法则办事，才符合"道"的精神。

"道法"概念，首见于早期黄老作品《黄帝四经》，其中有专门的《道法》篇目，首篇《经法》一开始就说："道生法。"这体现了道法的结合。其间既承袭了老子以道论法的思想，又吸收了法家的思想成果，其他篇目中也对道法理论进行了补充和完善。《心术上》说："事督乎法，法出乎权，权出乎道。"这和"道生法"的意思是相通的。而《慎子·佚文》说："以道变法者君长也"，也是将道和法联系起来。由此可见，黄老之学是立足于"道"而服务于"法"的。

道家主张"道法自然"，而自然的天道是"无为"的，把这种天道应用于政治法律领域，就产生了"无为而治"的理论。

老子的"无为而治"是指"我无为而民自化，我好静而民自正，我无事而民自富，我无欲而民自仆。"老子真正的"无为"要求人们的思想行为听从自然法则，服从天之道。天之道是标准，天之道主要指客观规律，符合天之道是无为，不符合的是有为。天之道对统治者的要求首先是实行善政，善待百姓，其次是统治者要"无事少争"。表现在政治生活上就是不扰民，扰民政治不能体现道的要求。老子认为，治理国家首先要让百姓按照固有的习惯生活自然地生活，不能扰乱他们。

《黄帝四经》认为，道是客观世界的总规律，"无为"就是要求人定法的产生、变化要以道为依据而不得有所违背，由此制定的法律为"道法"。在这里，黄老学者提出了一个著名的命题："执道生法"。先秦以来的黄老学派，对无为的论述更为积极。"无为"绝不是无所作为，而是强调在遵循客观规律的基础上发挥人的能动性。

黄老法律思想中的"道法自然"、"无为而治"，不仅对中国传统文化之格局产生了广泛而深远的影响，而且对当下大秩序时代注重自然秩序仍然具有极大的借鉴价值。

中国传统文化中的包容与秩序规范

包容，是我国多民族格局形成的前提，是构建多元一体社会秩序的基本原则。中国传统文化之所以能够延续不断，原因很多，但最重要的原因就是其有很强的包容性。正是这种包容性，使得古代社会建构了一种包容的秩序，而这种包容的秩序维系了中华民族文化脉络绵延不绝。

一、中华民族形成的多元性与混合性奠定了中国传统文化的包容性

中华民族是一体的，作为一个自觉的民族实体，是近百年来在中国和西方列强对抗中出现的，但作为一个自在的民族实体则是在几千年的历史过程中所形成的。回溯中华民族多元一体格局的形成过程，它的主流是由许许多多分散孤立存在的民族单位，经过接触、混杂、联结和融合，同时也有分裂与消亡，形成一个你来我去、我来你去、我中有你、你中有我，而又各具个性的、相互包容、互不排他的多元统一体。这也许是世界各地民族形成的共同过程。

中华民族最大的特性就是重包容，有强大的同化力和顽强的生命力。同任何一种延绵至今的文化一样，中国传统文化之所以到现在还生生不息，一个十分重要的特征是包容并蓄，形成了同一性和多样性相结合的发展态势，并因此具备了强大的同化力和顽强的生命力。

文化是历史非常重要的载体，中国有着悠久的历史，它凝聚着民族的价值观念、思维的方法、生活的样式、风俗习惯，这些是民族认同最根本的东西，我们民族的价值观、风俗习惯都通过文化传达出来。"如果我们把这个文化抽掉了，大家都不认同这个文化，我们哪还有历史呢，这样就没有历史了。"清代著名思想家龚自珍当时在研究春秋战国时期历史时，曾得出一个非常重要的观点，那就是"欲灭人之国，必先灭其史"。

中国的传统文化是以儒家文化为代表、为主体的文化。中国传统文化的包容性体现在厚德载物的思想上。在中国传统文化中，对自然的理解是，天地最大，它能包容万物，天地合而万物生、四时行。从这种对自然的理解中引申出做人的道理：人生要像天那样刚毅而自强，像地那样厚重而包容万物。维系中华民族精神的主体文化是儒学。儒学在2000多年的中国社会里对中华民族在思想方式、行为规范、道德礼仪等各个方面，长期起着支配作用。儒

学主张泰山不辞细壤，故能成其大，河海不择细流，故能就其深。这种精神使中国传统文化具有巨大的包容性，对外来文化向来不排斥。可以说，中国传统文化之所以博大精深，川流不息，正是由于其吸纳百川的结果。

二、中国传统文化的包容性对中国历史的发展与变迁影响深远

先秦时期的周文化最具典型。周人在周原建国时，他们和商人的关系是并存的，可是他的势力不如商人大，地域不如商人大，人口不如商人多，但是其文化又接受了商人的影响，也保存了自己固有的独特色彩，同时还接受了草原的影响以及西边羌人的影响，它本身就是很有包容性的混合体。以这种混合体的特点，在打败商人以后，由于人少，又采取了所谓包容性极强的政策，对于旧日的敌人商人，采取尊敬、合作的态度，对于土著也采取合作、共存的态度，这种精神是很了不起的。周文化的包容精神此后一直延续下来。

先秦之后，秦朝"车同轨，书同文，行同伦"，汉朝独尊儒术，都具有大一统的特点，同时各地、各族文化也蓬勃发展，形成了统一前提下风格多样的包容性中华文化。中华历史上最强盛的大唐时期，在思想、文化、国力、疆土等方面几乎都达到了鼎盛，这和大唐文化包容一切的气度是分不开的。在文化上，唐朝尊道，礼佛，崇儒，施行开明的三教并立政策。也正是这种宽松自由的思想环境造就了唐代恢弘的文化气象。到了清朝时期，"师夷长技以制夷"的主张表明中国传统文化吸纳外来文化的机能仍存在。

民族精神是一个民族赖以生存和发展的精神支撑。尽管不同学者对中华民族的基本精神有不同的见解，但有一条却是公认的，那就是厚德载物、自强不息的精神。其中厚德载物内含着中华民族的包容精神。中国传统文化向来主张有容乃大，大乃久。文化上的包容性，使中国社会思想文化在内部形成丰富多彩、生动活泼的局面和秩序规范，在外部则向世界开放，不断接受异质文化的激发和营养，从而使自身具有更强的生命力。

充分发掘和弘扬中国传统文化中的包容精神要求我们要自觉地、不断吸

纳外来文化，借鉴其他文化的优秀文明成果，像季羡林先生所说那样既拿来
又送去，把外国的好东西拿来，把自己的好东西送去，这叫作拿来主义和送
去主义的结合。只要有利于文化发展和建设，就要毫不犹豫地拿过来，推进
我国的文化建设，培育出精神振奋、品格高尚的民族精神。这是我们弘扬传
统文化中包容精神的题中应有之义。

"天人合一"思想下的和谐秩序寻求

"天人合一"是中国传统文化精髓之一，儒家和道家都对它有不同的解
读，不仅反映出古人丰富的思想内涵，更重要的是表现了人与自然共存的思
想，体现了古人对一种和谐秩序的追求。而"天人合一"思想的生态意义在
于，它给现代人提供了思考生态问题的新视域，以突破人类建立自然和谐秩
序时陷入的两难困境。

一、"天人合一"蕴含着人与自然的和谐

中国古代思想的两个主要流派儒、道两家都推崇"天人合一"的思想，其
中儒家思想的核心概念是"仁"、"义"，道家思想的核心概念是"道"、"德"。

在儒家看来，"仁"意味着一种和谐共存的品德。"夫仁者，己欲立而立
人，己欲达而达仁。能近取譬，可谓仁之方也。"（《论语·雍也》）这种和谐共
存当然是在人类之间，但是对于儒家而言，这种推己及人的心理机制使得
"仁"的适用范围可以推广到自然上。董仲舒认为，"天"、"地"、"人"是万
物生长发育的三种基本要素，必须协调。因此，爱物是仁民的逻辑发展和内
在要求，只有发展到"鸟兽昆虫莫不爱"的地步，"仁"字才算实现。

宋明理学家们认为，山川万物原本就是与人连通一气，不可分割的整体。

所以程颢发挥了"仁"字所包含的物我一体、和谐共存的思想。张载更明确提出,"天地之塞吾其体,天地之帅吾其性"(《西铭》)。王阳明还进一步说,"仁"背后存在的"天人合一"基本假定。"天人合一"不仅是要努力实现的目标,而且是宇宙间原本的真相,而我们常常所看到的天人相分、天人相争,都不过是私心蒙蔽了我们的良知而已。朱熹在讲解"元亨利贞"时,将自然界季节变化中生物的生长发育与人类社会的道德伦理范畴联系在一起,"仁"、"义"、"礼"、"智"在自然事物上同样也有体现,尽管形式有所不同。所以,我们通常误以为纯属人类伦理道德范畴内的"仁"、"义"、"礼"、"智",在中国古代儒家贤哲那里,实际上是普遍适用于包括人之外各种事物的宇宙万物的总体范畴。这些概念之所以能在人类社会生活领域中发挥功能,恰恰是由于它们以"天人合一"思想为前提和根据的。

道家思想体系的最高范畴是"道"。与儒家偏重人伦关系不同,道家从"道"的普遍性出发强调物无贵贱,认为人和自然是平等的,自然界万物的存在都各有其独立的价值和不可替代性,这样就为人际道德和生态道德平等铺平了道路,为自然界万物具有独立的内在价值铺平了道路。

如果说"道"是万物之为、万物的普遍根据的话,那么"德"就是具体的事物之所以为自身的特殊根据。道家强调应该尊重万物各自的特性,人们应该按自然本身的生存之道来对待自然,从而使自然按其自身天性而自由发展,反对以唯一的标准来对待千差万别的事物,事物存在和发展的多样性就得到了肯定。这是现在自然保护的基本原则之一。

中国古代"天人合一"的思想原则绝非仅仅停留在抽象的哲学原则上,还表现为社会政治理想和具体的法律和政策规定上。儒家认为,一旦人类做到了尊重自然发生成长的节奏时令,人的活动顺应天的运行,则不仅天的运行正常合序,人的生活也就富足安康。

通过对中国古代儒、道两家基本概念的分析,我们可以发现,儒、道思想的核心概念"仁"、"义"、"道"、"德",只有以"天人合一"作为思想的基本前提和假定，才能得到正确的理解，而在体现"天人合一"思想的儒家、道家的基本概念"仁"、"义"、"道"、"德"都包含人与自然和谐共存、生态环境保护方面的内容和精神。因此，我们说，"天人合一"本身也许不能完全等同于人与自然和谐，可是它却要求人与自然和谐。

二、"天人合一"的现代生态意义

在澄清了中国古代"天人合一"与现代人、与自然和谐相处思想的差别之后，我们惊讶地发现，"天人合一"的生态意义非但没有丧失，反而在某些意义上更加凸显和深化了。

中国的"天人合一"就是现代人所要追求的"自然"与"人"的和谐理想。而如今"天人合一"的意义是：在处理环境问题上，我们可以有与今天所使用的完全不同的概念框架，我们可以从根本上改变既有的思维方法。

正因如此，许多西方环境哲学家们对从中国古代思想中挖掘资源很感兴趣。如挪威著名哲学家阿伦·奈斯认为，生态伦理应该进行"东方转向"，从孔子那里汲取中国传统文化的智慧。他曾经明确地表示他的哲学体系中最重要的"自我实现"原则，所说的"大我"就是中国人所说的"道"。美国环境哲学家科利考特把道家思想称为"传统的东亚深层生态学"。而澳大利亚环境哲学家西尔万和贝内特认为，"道家思想是一种生态学的取向，其中蕴含着深层的生态意识，它为'顺应自然'的生活方式提供了实践基础"。

简言之，"天人合一"的思想不等同于人与自然的和谐相处，但是它却可以为实现人与自然和谐所必须的概念框架的调整提供必要的启发。它不会是我们照搬照用的灵验古方，而是刺激我们改造自然观的重要思想资源。

"协和万邦"观念下的国际政治秩序

在我国古代，安定的国际政治环境具体指不同邦国之间、不同民族之间友好和睦、协调共存的融洽关系，即中国传统的孔孟儒家"协和万邦"的观念。儒家认为要实现国内政治清明，还必须营造和谐安定的国际政治环境，因此在致力于社会秩序和谐的同时，也将实现邦国、民族之间友好共处的和平追求纳入其理想框架之中，体现了儒家注重社会秩序和谐及天下和平的思想。对当前构建和谐的国际关系具有积极意义。

一、如何理解儒家的"协和万邦"

"协和万邦"最早见于《尚书·尧典》所载的"克明俊德，以亲九族；九族既睦，平章百姓；百姓昭明，协和万邦"。其意是称赞帝尧统治天下时推行仁政德治，注重以道德教化民众，百姓在家族之中与亲友相处融洽，进而由家族和睦延伸至社会人际关系的处理，实现社会主体之间的和谐有序。而这种伦理关系应用于邦国关系之上，促进不同利益主体都能从道德原则出发，互相尊重、和平共处。"协和万邦"后来成为儒家处理邦国关系、民族关系的基本理念，并涵盖了孔孟儒家关于"和"的认识和思考。具体来讲，可以从以下几个方面来理解：

第一，儒家思想关于邦国、民族之间关系的基本态度和立场是奉行"以和为贵"的价值理念，倡导交往主体之间的和平共处，反对相互之间因争夺利益而诉诸武力攻战，这是儒家和平追求在邦国、民族关系处理原则上的集中体现。虽然孔孟儒家和平思想的范围甚广，但消灭直接暴力的战争与冲突、进而实现和平稳定的政治局面，乃是建构社会秩序和谐的基础和保证。因此孔孟儒家在战争与和平的问题上，始终旗帜鲜明地坚持和平是社会发展的基础，而将战争视为社会发展的极大破坏因素加以否定。这种基本态度倾向使得孔孟儒家在致力于倡导和维护国内和平稳定的同时，也坚持在国家与国家、民族与民族关系的处理上反对攻战、倡导和平。

第二，孔孟儒家关于邦国、民族之间关系处理的基本准则是崇尚王道正义，主张以道德力量的感召克服流血冲突，实现双方友好共存、互惠互利。

（1）儒家将重义轻利的价值判断应用于处理国家与国家之间的关系上，倡导国家之间秉持以义为本的原则，追求合乎道义的利益，加强彼此之间的交流与合作，促进双方利益的共同提升。相反，如只是为了实现本国的一己私利，而以发动战争的形式侵犯他国正当利益，则是违背道义的，不但破坏了其他国家和平稳定的状况以及人民群众的正常生活，最终也会失去本国人民的支持，使自己的利益受损。儒家强烈谴责诸侯国之间恃强凌弱、以大欺小的穷兵黩武行径，反对因私利而兴起战争冲突，倡导私利要服从公平正义的要求。

（2）儒家主张推行王道仁政，并以此实现治国平天下的理想目标。孔孟儒家针对春秋战国诸侯争霸的政治局面要求统治者实行仁政德治，提出以道德感召力量平息社会纷争，化解人们之间的对立和冲突，这不仅指在本国范围内实现政治昌明、统一和顺的格局，而且儒家还认为这种仁政王道的实施有利于树立一国在国际关系中的威信，提升其在国际关系中的地位，从而实现"远人不服，则修文德以来之"。

（3）儒家将崇尚王道正义的原则用以作为判断战争性质的标准，提出了所谓"仁战"、"义战"的观点。儒家将战争的性质分为正义与非正义两种，所谓"正义的战争"是以推行王道政治、消灭暴力统治为其根本目标的，因此这种"义战"是有利于实现人民根本利益的，并且在战争的过程中也以不伤害人民生命为基本特征。

第三，儒家在邦国、民族关系的处理上坚持"中和"的态度，要求国际交往的主体奉行"己所不欲，勿施于人"的伦理规则，互相尊重、理解，争取友好和平。

（1）儒家提倡以"中和"的态度处理国家之间关系，强调贯彻中庸的不偏不倚精神，既不过分地依赖强国，也不仗势欺凌弱小的国家，而是遵循适度的原则要求，倡导国家之间的交往应建立在平等的基础上，合乎礼义。

（2）儒家倡导以"和而不同"的原则处理国际事务，既加强邦国、民族之间的交流合作，又注重保持本国、本民族的独特性，同时也尊重其他国家、民族的独特性，承认各方之间的区别，且在各自特征和差异的基础上保持协作。

二、"协和万邦"的现实意义

当今，由于经济全球化与信息化深入发展，科学技术迅猛进步，世界变得越来越"小"，俨然成了"地球村"，各国相互联系、相互依存、利益交融达到前所未有的程度，共同利益越来越大，需要携手应对的问题越来越多，互相合作的愿望越来越强。从某种意义上讲，世界已成"利益共同体"、"命运共同体"，任何国家都不能单打独斗、独善其身，任何国家的行为不仅事关自己，也会对其他国家产生重要影响。这种互相依存的世界格局，为中国倡导"协和万邦"，张扬融合发展、和谐发展的文明基因提供了前所未有的宽阔舞台和空间。

中国坚持和平发展，把"协和万邦"作为国际观和基本准则，是一种大气度、大情怀，既有拥抱世界的眼光，更有和谐世界的胸襟，折射出的是大国气象。中国始终不渝走和平发展、和平崛起之路，这既是顺应时代发展潮流的必然要求，也是在风险挑战面前保持中华民族大发展的清醒选择和智慧之举。

"天行健，君子以自强不息" 的精神

"自强不息"是中国传统文化精髓之一，数千年来鼓舞中华民族成千上万的仁人志士力求进步的脚步。尤其是新中国成立60多年来，勤劳、勇敢、智慧的中华儿女，把马克思主义与社会主义建设伟大实践紧密结合，不断描绘着崭新的历史篇章。而在当前这个大秩序时代，这一宝贵的精神财富也必将发扬光大。

一、"天行健，君子以自强不息"的对秩序建设的启示意义

"天行健，君子以自强不息"语出《易经》。意思是说，天（即自然）运动刚强劲健，君子处事，也应像天一样，自我力求进步，刚毅坚卓，发奋图强，永不停息。

《周易》包括《易经》和《易传》，是周人对自然和社会的深刻认识和反思，是他们对人类求生智慧和生活经验的总结和概括。按照《易经》原来的解释，"君子"是一种具备特殊能力的人，肩负特殊使命，有维护自然运行和社会秩序的职责。

天道的本质特点是健，健是运行不息的意思——四时交替，昼夜更迭，岁岁年年，无止无息。这是自然界的大秩序。君子应效法天道之健，自立自强，奋发进取，也就是说，持之以恒地从事某项事情，终能建设新秩序。

自然之道和人事之道是变化的，始终难分，首尾相接，像日月、四时的变化一样。这种永恒的变化，使日月永照人间，四时化育万物。因此，君子的自强不息包含有两层意思：①人的壮心不已；②自然的恒久不已。圣人往往能够坚持不懈地探索并把握变动的天地之道的规律，遵循这个规律，有秩

序的社会生活就能化育而成。

二、"天行健，君子以自强不息"的历史影响

在中国历史文化的发展过程中，"自强不息，厚德载物"的精神不断激励获得丰富和发展，被赋予新的内容。作为一个高尚的人，在气节、操守、品德、治学等方面都应不屈不挠，战胜自我，永远向上，力争在事业与品行两个方面都达到最高境界。在做人做事方面应该顺应自然，胸怀博大，宽以待人，承担起宏伟的历史任务。"自强不息，厚德载物"精辟地概括了中国文化对人与自然、人与社会、人与人之间关系的深刻认识与辩证的处理方法。中华民族历经几千年的考验和兴衰变化，能一直稳固地凝聚在一起，并保持一个伟大民族的生机与活力，是同这种深刻认识分不开的。事实上，"自强不息，厚德载物"已构成中华民族的民族精神与民族性格的重要表征。

自强很容易理解，所谓自强便是本身要强大，上至政府、下至人民。每个人都自强，那么，整个国家都会强大。

春秋时期，各国纷争，赵国地盘不大，却没有国家侵犯它，就是因为它上有贤明之主，中有蔺相如、廉颇之将，下有团结的国民，其他国家不敢贸然犯境，所以，赵国不动兵器，就能胜敌于千里之外。

不息也不难理解，所谓不息便是永不停息，永不衰败，永远在努力、奋斗。

诸葛亮的《出师表》文字惊人，千秋涕泪，这是为什么？因为一句"鞠躬尽瘁，死而后已"。所以，才有"出师一表真名世，千截谁堪伯仲间？"从先帝去世，至"六出七擒"，每一次胜利都饱含着他的奋斗，他的计谋。或许可以这样说，在他身上，除了智慧、勇敢、外交、忠诚、发明等，还有一点，使他的形象更加高贵，那就是他在群臣面前表现出的无与伦比的坚强。这足以使"昔日的蜀人泪雨纷纷，今日的人们感慨万千"。这便是不息的力量。

历史反映出这样一条规律，一个不改的真理——之所以功成名就，之所

以万众归心，之所以叱咤风云，之所以名垂百世，都是因为自强不息。

"天行健，君子以自强不息"，这无疑是先人们对于人生态度的完美诠释。时代为传统注入新的活力。"自强不息"的古训在新的时代条件下，必然以它生生不息的活力鼓舞着中国人构建新的社会秩序乃至世界秩序，从而开创新的历史，再造新的辉煌！

第五章　传统秩序的传承与创新

中华传统文化所蕴含的秩序思想，对今天的中国更具现实意义。通过构建华夏文明新秩序，以良好的公共道德维护和谐社会秩序，发挥忠诚、爱国与明礼有序的优良传统，将信用秩序建设纳入制度化轨道，在规范中实现秩序与自由的统一等，向世界表达中国的国家理念，阐述中国的历史，展现当代中国人的精神生活，必将助推世界文明秩序和政治秩序的重建。

传承传统文化，构建华夏文明新秩序

构建华夏文明新秩序的前提是传承传统文化，同时倡导中国先进文化，这是中共十七届六中全会特别提出的，体现了意识形态领域向中国文化的回归，是重建中华文明秩序结构的国家意愿。弘扬传统文化，倡导先进文化，需要在义于利、人与禽、华与夷、君子与小人四个方面认真思考。

一、对"义利之辨"思考

义与利的关系即道德行为与物质利益的关系，是中国古代关于道德行为与物质利益关系问题的争辩。"义利之辨"，这个伦理学中道德评价标准的问题，在中国是由孔子最先提出的。

在孔子生活的春秋时期，鲁国有规定，凡是到国外旅行，看到有鲁国人在外国被卖为奴隶的，可以花钱把他赎出来，回到鲁国后，到国库去报账，国库照付。孔子有一个学生，在国外看到有鲁国人被卖为奴隶了，就把他赎回来。赎回来以后，他没到国库去报账，别人都说这个人品格高尚。孔子知道后，说这个学生做错了，认为他这个做法实际上妨碍了更多的奴隶被赎出来。这个人回来后没有去报账，将来别人看见被卖为奴隶的鲁国人，本想赎他出来，但若去报账的话，别人就要议论其品格不如这个学生。这样，这个人就可能装作没看见，不去赎人了。所以，这个做法妨碍了更多的鲁国奴隶被人家赎买出来，是有害的。还有一次，有一个人掉到水里去了，孔子的一个学生跳下水去，把人救起来了，家属感谢他，给他一头牛，他就收了。别人就在背后议论孔子的这个学生。孔子知道了，说这个学生做得对，这样做就会使更多的落水人被救。因为救了人之后，人家给东西，是可以收的，于是再有人落水，就有人愿意去救，要看客观的效果。所以，《论语·里仁》里记载孔子的话："君子喻于义，小人喻于利。"意思是说，君子看重的是道义，小人看重的是利益。

从古至今，以"利"为文明秩序合法性的基础，就会只强调个人利益，只维护集团利益，炫耀霸道政治，甚至出现"上下交征利国必亡"的危机局面；以"义"为文明秩序正当性的基础，就会重视社会正义，维护社会公平，推行王道政治，出现"文王多士，济济以宁"的祥和文化局面。因此，我们思考"义利之辨"时，必须深刻揭示文明秩序最深层的正当性根据或合法性来源，这就是代表价值理性的"义"而非突出工具理性的"利"。

二、对"人禽之辨"的思考

从中国文化一贯的精神看，人是万物之灵，与动物有着明显的分判与区别；人之所以不能与鸟兽同居，就在于人能创造并安居于维护生命尊严与人格尊严的高贵文化。然而近100年来，我们总是将社会达尔文主义奉为至高真理，视人间社会为动物丛林，以丛林原则取代了人道原则，而华夏文明数千年一贯的谦让之风早已消失得无影无踪。丛林法则下的竞争，其结果就是：人人都有可能成为对手甚至敌手。

在现代社会，大有必要重新依据人性中最深刻、最本质的仁爱精神，重建中国的文明秩序和制度秩序。事实上，文明秩序需要的恰恰是人的灵性生命而非动物欲望，因为凡事提倡谦让则处处有朋友。

三、对"华夷之辨"的思考

古代泛指华夏民族以外的少数民族。包括南蛮和东夷。黄河中下游地区，气候温宜，雨量适中，土壤肥腴，故较早进入农耕社会，地称为中国，人称为华夏。边区自然条件较差，多为游猎畜牧之族所居，故称为夷。可见"夷"在历史上并非贬义，有诸夷、四夷、东夷、西夷、南夷、九夷等称谓。

华夷之辨，或称夷夏之辨、夷夏之防，用于区分华夏与蛮夷。古代华夏族群居于中原，为文明中心，因此逐渐产生了以华夏礼义为标准进行族群分辨的观念，以礼仪而不以种族区分人群，合于华夏礼俗者并与诸夏亲昵者为华夏、中国人，不合者为蛮夷、化外之民。在中国历史上华夷之辨的衡量标准大致经历了三个演变阶段：血缘衡量标准阶段，地缘衡量标准阶段，衣饰、礼仪等文化衡量标准阶段。华夷之辨的宗旨植根于《春秋》、《仪礼》、《周礼》、《礼记》以及《尚书》，以文化礼义作标准。

事实上，中国古人历来反对任何霸权文化或强盗文明，提倡礼乐文化或和谐文明，以充满了实践经验和政治智慧的至大至公的"先王之道"，重建符合中国民族习性和文化精神的华夏社会秩序和政治秩序。因此，如果不想丢掉中国文化的主体性和创发性，就必须不断深挖开掘本土资源的活水来源。也就是说，重建中国文化秩序，必须扎根于自身的历史文化经验及据此经验提炼出来的道统学统之中，不能脱离民族通过长期辛勤劳作创造出来的生活世界或礼俗世界。

四、对"君子小人之辨"的思考

这种思考的目的在于，以君子的道义担当原则而非小人的趋利避害标准，重建可供世界各国取鉴效法的华夏文明秩序结构和政治伦理秩序结构。

中国几千年积累而成的文化是培养君子的文化，但遗憾的是现在却有一部分人遗失了这一文化，伪劣低质产品、欺骗讹诈行为、构陷污告劣迹、贪污腐败等现象，都证明了小人世界的存在。小人嚣张，君子退隐，只能是时代的悲哀、文化的不幸、国民的耻辱、社会的病痛。目前最重要的是以制度化的方式推行贤人政治，理由是要完善文明体系中的政治制度，必须先完善制度结构中的人。然后由政治领域延伸到社会领域，提倡人人做君子，绝不做小人，华夏文明新秩序的重建或再造，能通过人的具体生活实践获得崭新的生命。

总之，道义、人性、四海一家、君子风范四大原则，都是重建华夏文明新秩序必须依赖的正当性价值基础。所以义利之辨，人禽之辨，华夷之辨，君子小人之辨，不仅过去要讲，现在要讲，将来也要讲，如此才能长养华夏民族浩气，并由此构建华夏文明新秩序。

值得一提的是，全球化使人类能时时感受到全球性文明，地球似乎被一种单一的文明所覆盖，这在人类漫长的历史中还是第一次。当全球性的信息网络文明被"普遍化"、"无限化"时，人类自己创造的信息网络文明反而成了人的主宰，此时，人类便理性地反思"信息网络文明"的缺憾，在把握"信息网络文明"工具理性本质的同时，纷纷发掘人类自身的文化精神根源。博大精深的华夏文明最有希望通过对"信息网络文明"的整合进而成为人类创造世界新秩序的文化精神根源。

传统秩序的继承与改革结合重在和谐

中国传统伦理思想一直保有对社会和谐的诉求，其中也有不少具体思想和方法的阐述。在当前中国现代化的进程中，将继承传统与当前改革相结合，最重要的是建设和谐社会秩序，进而从政治秩序方面塑造出崭新的价值观。

一、中国传统伦理的"和"的思想

"和"作为中国传统伦理思想的重要内容，它强调基于思想观念、普遍利益一致基础上的"和谐"，即社会、思想、政治诸多领域的争端消弭，社会各阶层的融洽和睦。在这里，"和"不仅是一种政治手段，而且是一种政治目的、政治价值，即伦理学家理想中的社会至少是一个和谐、团结、和平的社会。子贡评价自己的老师孔子时，认为孔子能让公众团结一致、同心协力。

对于"和"之思想的应用，传统伦理是从个体的"克己"、人际的"忠恕"两个层次为"人"设计一种和谐状态，最终促成社会的和谐秩序。

"克己"就是要每一个社会成员克制自己不恰当的欲望，自觉追求仁德。一方面是自觉学习，从而使个体行为不背离正道；另一方面就是自我修行，即达致"克（好胜）、伐（自夸）、怨（怨恨）、欲（贪欲）不行焉，可以为仁矣"的目标。

在人际关系中倡导"忠恕之道"，即要达到"己所不欲，勿施于人"与"己欲立而立人，己欲达而达人"正反两方面的结合。其核心思想就是要在社会关系的互动中讲究换位思考，"推己及人"。一方面，在社会关系中要确证自身的地位和身份。其根本特征就是要求相关各方必须在彼此的互动中调整自身行为取向，在遵循"应然"价值选择的基础上形成对他人的自觉和责任。

另一方面，要在处理相互关系时坚持互为观照的理念。就是用人格平等的精神超越现实中严格的等级界限，使不同阶级和阶层都能在人格平等的平台上，实现心意感通、情感互动。

二、继承"克己"、"忠恕"思想传统，从政治秩序方面塑造出崭新的价值观

一般而言，政治秩序是指社会各种政治行为体依据法律制度和政治规范开展政治实践的过程，即政治行为体对法律和政治规范进行贯彻、实施和维护的过程，因而它反映的是一种静态与动态相结合的系统模式。它的运行过程要求制度性、稳定性，其背后的政治结构则需要均衡性，表现出来是人们政治行为要有规则性。

从政治秩序方面塑造出崭新的价值观需要继承"克己"的思想传统。政治秩序方归根结底是建构在个人的思想观念更新之上，需要个体的自我完善、道德修养的提升。而且，从精神层面看，整个社会就是由个体思想汇聚而成。在市场经济冲击下，个体私欲有所膨胀，引发的社会矛盾和冲突不断显现。对此，就必须调整弱者和强者的心态，使其认识到任何个体的发展必须以他人的发展为基础，即"每一个人的自由当以他人的自由为限"，从而在自我克制、相互理解中获得稳定的人际关系，使社会和谐。

从政治秩序方面塑造出崭新的价值观需要继承"忠恕"思想传统。在社会主义国家，由于公有制的存在，人与人之间不存在根本的利益冲突，人际间的和谐具备稳定的所有制基础。同时，在社会主义道德调整下的社会关系应该是一致的、和谐的。冲突的存在仅在于局部利益、主观情感的不统一。因此，处理此类矛盾必须坚持换位思考、利益关照的精神，运用"忠恕之道"解决问题。

总之，个体的"克己"、人际的"忠恕之道"，可以为从政治秩序方面塑造出崭新的价值观奠定思想上的支撑。

社会秩序维护与公共道德养成实践

道德是法律的补充。在公共生活中，道德可以用来调节、规范人们的行为，预防犯罪的产生。社会公德是指在社会交往和公共生活中公民应该遵循的道德准则，是社会公认的最基本的行为规范。其基本特征主要表现为：继承性、基础性、广泛性和简明性。继承性是人们在公共生活中应当遵守的基本准则。基础性是社会为维护公共生活而提出的最基本的道德要求。广泛性说明其具有最广泛的群众基础和适用范围。简明性指其是生活经验的积累和风俗习惯的提炼。

一、社会公德在维护社会秩序中的作用

当前，我国遵守社会公德的状况总体是好的，但也存在着一些不尽如人意甚至令人忧虑的现象。例如，少数人缺乏基本的社会公德意识，一些人对社会丑恶现象听之任之，"事不关己，高高挂起"；一些人说一套做一套，常常为图一时方便或一己私利而违背社会公德。

维护社会秩序，应该遵守以"文明礼貌、助人为乐、爱护公物、保护环境、遵纪守法"为主要内容的社会公德，如表5-1所示。

表5-1 社会公德的主要内容

文明礼貌	这是社会交往中必然的道德要求，是调整和规范人际关系的行为准则，与我们每个人的日常生活密切相关。文明礼貌是打开心扉的钥匙，是交流思想的窗口，是沟通感情的桥梁，它反映着一个人的道德修养，体现着一个民族的整体素质。我国是一个具有悠久历史的文明古国，素有礼仪之邦的美誉。今天，倡导和普及文明礼貌，是继承和弘扬中华民族传统美德、提高人们道德素质的迫切需要，是尊重人、理解人、关心人、帮助人，形成男女平等、尊老爱幼、扶贫济困、礼让宽容的新型人际关系的迫切需要，也是树立中国人良好国际形象的迫切需要

助人为乐	在社会公共生活中，每个人都会遇到困难和问题，总有需要他人帮助和关心的时候。因此，在社会公共生活中倡导助人为乐的精神，是社会主义道德建设的核心和原则在公共生活领域的体现，也是社会主义人道主义的基本要求。助人为乐是我国的传统美德，我国自古就有"君子成人之美"、"为善最乐"、"博施济众"等广为流传的格言。把帮助别人视为自己应做之事，看作自己的快乐，这是每个社会成员应有的社会公德，是有爱心的表现。助人为乐对于大学生来说显得尤为重要，养成助人为乐的美德和习惯，将是一生取之不尽、用之不竭的精神财富，正所谓"赠人玫瑰，手有余香"
爱护公物	对社会共同劳动成果的珍惜和爱护，是每个公民应该承担的社会责任和义务，它既是个人道德修养水平的体现，也是整个社会文明程度的重要标志。随着社会现代化程度的日益提高，社会的公用设施得到妥善保护并保持良好状态，是公共生活有序进行的基本保证，也有利于每个人的工作和生活。如果每个社会成员都能珍惜、爱护公物，就意味着全社会的公共财物都能够物尽其用，用有所值。如果社会公共财物遭到破坏，社会的利益就会受到损害。所以，每个有责任心的公民都应当自觉爱护公共财物
保护环境	保护环境主要是指保护自然环境，如水环境、大气环境、土壤环境、生态环境、矿产资源、动物资源等，也包括保护文物资源、文化资源、社会管理资源等人文环境。热爱自然、保护环境是当今时代社会公德的重要内容。热爱自然、保护环境，从根本上说，是对全人类生存、发展的维护，也是对子孙后代应尽的责任。要牢固树立环境保护意识，身体力行，从小事做起，从身边做起，从自己做起，带头宣传和践行环境道德要求
遵纪守法	这是社会公德最基本的要求，是维护公共生活秩序的重要条件。遵纪守法的实践是提高人们社会公德水平的一个重要途径。在社会生活中，每个社会成员既要遵守国家颁布的有关法律、法规，也要遵守特定公共场所和单位的有关纪律规定。在社会公共生活领域中，人员构成复杂，素质参差不齐，正常的生活秩序可能受到影响甚至被破坏，这就需要用纪律与法律来维护公共生活的正常秩序

除以表5-1所示的社会公德外，社会生活中还有诸如"见义勇为"、"讲究卫生"、"拾金不昧"等社会公德。

二、公共道德养成实践

社会公德与人们在公共生活中的实践活动有着紧密的联系。因此，培养社会公德意识离不开社会实践活动，应当在实践中不断增强社会公德意识，努力做社会公德规范的传播者和践行者。

从小事做起，从小节改起，带头践行社会公德规范。社会公德所规范的行为包括社会公共生活中最微小的行为细节，这些细节极容易被人们忽略，而它一旦被社会群体中的大多数人忽视，往往可能形成不良的社会风气。因此，社会公德意识要在日常的点点滴滴中培养。古人云："勿以善小而不为，勿以恶小而为之"，讲的就是这个道理。

其实，践行社会公德并不难，提升敬人礼让的境界同样不难，例如，见到老师、长辈主动问候是践行社会公德；乘坐公交车主动为老幼病残孕乘客让座是践行社会公德；在银行、邮局等公共场所排队时自觉站在"一米线"外是践行社会公德；外出旅游时不在景点设施上随意刻画是践行社会公德等。总之，社会公德的境界就是在这些不起眼的举手投足间慢慢升华的。

中国特色社会主义伦理秩序建设思路

伦理秩序是客观存在的。在我国，社会主义伦理秩序是国家治理体系和社会治理格局中的重要组成部分。

一、对伦理秩序的认识

伦理是人伦之理，是道德哲学。伦理秩序是多数人认同并尊崇的主流价值规范。伦理秩序，古今中外原本有之，关键在于我们是否注视它、重视它。

高度重视人伦纲常的作用，是中国的历史文化传统。孔子推崇周礼，主张礼治礼教。管子提出了"礼义廉耻"。孟子强调"恻隐之心，仁之端也；羞恶之心，义之端也；辞让之心，礼之端也；是非之心，智之端也"。董仲舒在"仁义礼智"后加了一个"信"，称为五常。宋代有八德，即孝、悌、忠、信、礼、义、廉、耻。孙中山、蔡元培提出了新八德，即忠、孝、仁、爱、信、义、和、平。

伦理秩序具有稳定性、继承性、关联性、开放性、时代性的特点，如表5-2所示。

表 5-2　伦理秩序的特点

稳定性	因为伦理秩序是人与人、人与社会关系的价值认同，是维系社会或组织的精神纽带，需要长期积累形成，一旦形成，也会相对稳定
继承性	因为伦理秩序更多地表现为精神和价值层面，是靠人感知的，具有代际传承和组织沿袭的特点。例如家风家教、校训、百年老店坚守的承诺等
关联性	指社会秩序是一个体系，至少包括法治秩序、政治秩序和伦理秩序。在这个体系中，伦理秩序带有基础性和根本性的特点。伦理秩序从道义原则上影响政治秩序和法治秩序。亚里士多德说过，无良法等于无法治。在现代社会，伦理秩序与法治秩序、政治秩序不能简单地相互取代，而是相互依存，相互促进。当伦理秩序中的某些内容进一步程式化后，就会转化为政治秩序或法治秩序，法治和民主政治实践也需要相适应的伦理环境
开放性	指外来文化、观念必然对既有伦理秩序产生影响。被动开放往往会带来巨大冲击，主动开放有利于坚守伦理原则基础上的伦理秩序创新
时代性	指伦理积淀必须适应时代要求，不断扬弃，不断丰富时代内容

伦理秩序在社会生活中，无时不有，无处不在。它通过人的荣誉感或羞耻感起作用，通过社会褒奖或谴责起作用。忽视伦理秩序的作用，放任伦理失序，不利于社会稳定和进步。

二、社会主义伦理秩序建设思路

建设和运用社会主义伦理秩序，要从国家层面、社会层面、组织层面、职业层面、家庭层面、个人层面入手来建设。

一是国家层面的伦理。包括与国家性质相联系的伦理、与民族构成相联系的伦理、与外交相联系的伦理。中国是社会主义国家，是人民民主共和国，最重要的伦理思想是：人民是国家的主人，民为邦本。中国是多民族统一的国家，民族平等和睦是重要的伦理原则。中国是爱好和平的国家，致力于和平共处、协和万邦的伦理追求。

二是社会层面的伦理。社会层面的伦理通常被称为"公德"，既包括熟人社会的道德传承，又需要陌生人社会的伦理构建。改革开放以来，在经济快速发展的同时，社会也在进步，社会成员的主体意识和社会活力显著增强。与此同时，我们在强调抓住经济发展战略机遇期的同时，还必须正视社会矛盾凸显期的现实。社会建设和治理显得比任何时候都更加重要。要发挥"礼治"在社会治理中的重要作用。要根据市场经济的新环境和社会格局的新变化，倡导并遵循公平正义、理性平和、扶贫济困、志愿互助的社会伦理原则，重点解决道德失范伦理失序的问题，解决社会戾气、社会浮躁的问题。

三是组织层面的伦理。组织层面的伦理包括组织机构内部凝练或传承的文化或精神，包括约定、准则、承诺等。在社会组织多样化的背景下，党的领导要覆盖所有组织，所有组织都应该依法成立和运行，所有组织都应该有符合国家和社会伦理原则的标准和追求。组织自身的文化或精神相互影响、相互交织，形成网状的价值纽带，促进社会健康有序和文明进步。

四是职业层面的伦理。职业层面的伦理，主要是指职业操守和专业精神，包括敬畏职业、岗位，诚实守信，精益求精等。

五是家庭层面的伦理。孝道是一切道德规范的母体。孝老爱亲仍然是家庭伦理的重要内容；要推崇家风、家训、家教的传承，要形成与时代精神相适应的宗亲文化伦理。

六是个人层面的伦理。要增强国家意识。国家兴亡，匹夫有责。要涵养家国情怀，把个人命运与国家民族的命运联系在一起。党员干部、公众人物、知识分子要发挥示范引领作用。修身修心、养德养性；做君子、重名节。要在全社会形成崇德向善、安分敬业、节俭惜福的文化氛围。

综上所述，建设和运用社会主义伦理秩序，要以社会主义核心价值观为价值标准，要有系统思维，要坚持问题导向，要把承继革命传统与弘扬时代精神结合起来，要促进法治和民主政治秩序的建设，要为国家和社会治理现代化做贡献。

规则下的忠诚、爱国与明礼有序

忠诚、爱国与明礼有序，是公民应遵循的行为准则，是社会主义精神文明建设的重要内容。它们是对中华优秀传统秩序的继承和创新，旨在规范人们在社会秩序中的道德行为，提高人的素质和社会文明程度，建立社会主义新秩序。

一、忠诚的传统内涵与继承创新

中国自古以来就讲忠诚，几千年来，中华民族一直在诠释着忠诚这一特质，有多少仁人志士在忠诚两个字上抒写了数不胜数的、可歌可泣的宏伟诗篇，并不断丰富其内涵：岳母刺字"精忠报国"，其核心讲的是一个"忠"字；范仲淹的《岳阳楼记》中"居庙堂之高，则忧其民，处江湖之远，则忧其君"，讲的仍是一个"忠"字。在近代史上，没有对党的忠诚，就不会有江竹筠在渣滓洞里绣出鲜艳的五星红旗，就没有夏明翰的"砍头不要紧，只要主义真，杀了夏明翰，还有后来人"，就没有陈铁军、周文雍在刑场上的婚礼。由此可见，"忠诚"就是对党、对国家、对人民绝对忠诚、绝对纯洁、绝对可靠的政治本色和政治品质，代表着诚信、尽职、守信和服从。

忠诚文化的继承创新体现为将忠诚作为民族伟大复兴的基石。一个伟大的民族，必须先具有伟大的精神、高尚的品质，然后才谈得上伟大复兴。这种伟大的精神、高尚的品质，就是忠诚。"忠"为尽职、尽责，"鞠躬尽瘁，死而后已"，为了民族的整体利益，为了国家的整体利益，不惜牺牲自己的利益，甚至生命；"诚"为坦率、守约，言必行、行必果，襟怀坦白、光明磊落。所以，忠诚凝聚力量，忠诚焕发活力，忠诚促进社会和谐，忠诚确保社会明朗健康、蓬勃向上。

对于忠诚文化的继承创新，还体现为将忠诚作为公民应尽的社会责任。忠诚是国家与人民之间相互关系的关键环节。国家是核心，人民是基础。国家对人民负责，具体体现为诚信守诺，维护人民利益，这个国家才有凝聚力、向心力；人民对国家忠诚，具体体现为爱国主义精神和集体主义精神，自觉维护国家利益和社会和谐。可见，忠诚作为全民族必须遵循的价值原则，对民族的伟大复兴至关重要。

二、爱国的传统内涵与继承创新

中华民族的爱国主义优良传统源远流长，具有热爱祖国、矢志不渝，天下兴亡、匹夫有责，维护统一、反对分裂，同仇敌忾、抗御外侮的丰富内涵。自古以来，爱国的思想和行为就受到人们的褒奖和景仰。中华民族由多民族融合而成，汉族与各少数民族共同为中华民族的繁荣发展做出了贡献，各民族中都涌现出了许多为国家和民族做出杰出贡献的仁人志士，他们的英雄业绩为历史所铭记。中华民族的爱国主义优良传统内涵极为丰富，要在新的形势下进一步发扬光大。

改革开放特别是进入 21 世纪以来，我国所处的国内外环境发生了很大的变化，爱国主义有了更加符合实际、更加有利于凝聚人心、更加鼓舞士气和团结更多人的新内涵。

对于爱国传统的继承创新，体现为爱国主义与爱社会主义的一致性。爱国主义与爱社会主义的统一是中国历史发展的必然结果。社会主义制度的建立为祖国的繁荣发展提供了可靠的保障。社会主义在中国不是一句空洞的口号，而是集中地代表着、体现着、实现着国家、民族和人民的根本利益。中国的历史和现实都充分证明了，只有社会主义才能救中国，只有社会主义才能发展中国，中国共产党是高举爱国主义旗帜并躬身实践的光辉典范。爱国主义与爱社会主义、爱中国共产党、爱人民政府有深刻的内在一致性。

对于爱国传统的继承创新，还体现在为爱国主义与拥护祖国统一的一致性。在中华民族的爱国主义发展史上，维护祖国统一、反对祖国分裂是中华儿女爱国情怀的重要体现，也是对国家主权、领土完整及民族感情的认同。只要站在拥护祖国统一的原则立场上，深明中华民族的大义，就能够在政治上求同存异，在爱国主义的旗帜下团结起来，共同为祖国的统一大业奋斗。任何旨在制造国家分裂、损害国家主权和领土完整的言行，都会遭到具有强烈爱国主义精神的海内外中华儿女的坚决反对。

三、明礼有序的传统内涵与继承创新

明礼有序就是从明礼开始，最后落实到行礼，由此构建有序的社会秩序。它是指维护社会公共生活秩序，公民在社会交往和公共生活中应当遵守的最起码的行为准则和道德规范。我国素以"文明古国"、"礼仪之邦"而著称于世。随着社会的进步，人们交往范围的不断扩大，特别是在中国走向世界的今天，礼仪更成为人们社会生活中不可缺少的内容。

对于明礼有序传统的继承创新，先要明礼。礼仪不仅是待人交友的学问，也是人们立身处世的根本，是人们一生都必须要学习和锻炼的必修课程。一个人明礼要加强以下三个方面的修养：

（1）尊重人。我们学习礼仪知识，遵守礼仪规范，先要弄明白讲礼仪的学问实际上就是讲尊重的学问。"礼者，敬人也"，礼就是要求以尊重人为本，尊重人不仅要尊重交往对象的人格、爱好和习俗，而且要真心诚意地接受对方，重视对方和恰到好处地赞美对方。还要求做到接受对方、重视对方和赞美对方。

（2）心态好。一个人与别人打交道，能否做到自尊、自爱、自重是衡量一个人礼仪修养和道德修养好坏的一个根本性问题，尊重别人就是尊重自己，更重要的是既要尊重别人又要尊重自己，既要容忍别人又要容忍自己，既要赞美别人又要赞美自己。说白了就是既要善待别人，又要善待自己，这就要

求必须有一个良好的心态。心态好要做到真心诚意地尊重他人、时刻关爱和尊重自己。

（3）重细节。细节往往容易被人忽视，但不注意细节有时也会坏事，甚至坏大事，必须要引起重视。礼仪学家曾经说："教养体现于细节，细节展现素质，细节决定成败。"学习礼仪知识，遵守礼仪规范，必须要在注重礼仪细节上下功夫。

对于明礼有序传统的继承创新，还体现为行礼，这是现实"有序"的关键所在。行礼的内容包括：个人礼仪、日常礼仪等生活礼仪；政务礼仪、商务礼仪、礼仪国际等工作礼仪。不同的领域、不同的对象，都有不同的礼节、礼貌要求。讲文明、有礼貌，是对现代文明人的基本要求。

应然社会秩序与实然社会秩序

什么是应然与实然？顾名思义，应然是指在可能的条件下事物应该达到的状态，或者说基于事物自身的性质和规律所应达到的状态。实然就是事物存在的实际状况。一般来说，作为事物的现实表现样态之实然，总是与应然之间存在着某种程度的脱节或背离；而作为事物客观存在本性及其理性要求的应然，也常常是超越外在的表现。正是由于应然的存在，才使得事物实然状态的改善成为必要与可能。

应然和实然的关系实际就是主观愿望和客观实际的区别。应然与实然也为我们观察当代中国社会秩序结构提供了一个新的视角。

一、对待"应然"与"实然"的两种不同趋向

经验主义和理性主义在看待和处理应然与实然、事实与价值之间的关系

时，采取了两种完全不同的态度。

对经验主义来说，应然与实然是两种不同的范畴，从实然是无法导出应然的；但对理性主义者来讲，应然和实然的区别无关紧要，甚至用一种辩证的（或者说扬弃）和均衡方法把两者结合起来，这种结合使其政治哲学在现实主义和理想主义之间来回摇摆，以至于会以价值取代事实，以价值判断取代事实判断，造成价值的越位。这在社会秩序的安排上，表现为用理想主义代替现实主义，用道德的激情代替理性的审慎。过于盲信理性的正确性，甚至把它强行移植到现实社会中，多半会带来不良的后果。理性主义的标准是追求一致性，而非适用性。它关注的是建立秩序井然的逻辑关系，不问这些关系是否反映了有关现实世界的知识。经验主义更注重试验，热衷于从经验中学习，而非不加试验地一往直前，更很少留心严格的一致性和漫长的证明步骤。

由于上述差别，在政治秩序的安排上，两种传统带来了两种不同的民主形式。比较而言，经验主义更倾向于现实的功利主义，而理性主义较易于脱离实际或远离于此，更着重于理想的实现。

二、对实然与应然的反思

应然与实然、事实与价值不容混同。一方面，我们需要把应然与实然、把事实与价值分开，以免以价值取代事实，以应然取代实然，造成价值的越位；另一方面，也要看到事实与价值有互补和相互依赖的关系。

理想不能取代现实。理想的作用就在于它是一种价值目标，对社会进行构想或批判，但并不加入社会的现实运行；它对人类有影响却并不强制或支配其行动，它是彼岸的东西，故只作判断、批评或发表宣言，但并不采取有形的行动。这才是理想的真正意义或功用。有鉴于此，对于一个健全的社会秩序来说，政治与理想应该成为彼此分离、各自独立的两大合法系统。两者各自发挥其功能，各自承认自身有局限，并允许相互监督，彼此不可以越界。

重视理性有限的观念，从而建构市场经济新秩序。理性有限的思想是确立市场经济秩序的观念基础之一。现代社会生产为什么只能搞市场经济而计划经济行不通？这是因为每个人都有自己的利益、需要，且各不相同；同时人的理性有限，信息不完全，所以只好借助市场配置资源。

要尊重民族文化传统。经验主义尊重传统、注意秩序、主张社会渐进的观念值得我们重视。如果把传统视为现代化的绊脚石，动辄要彻底"决裂"、打碎"重建"，幻想天翻地覆后会有一个新世界，这是不切合实际的行为。

三、促进社会主义优越性从应然到实然的转变

从社会主义制度在世界确立以来，社会主义的优越性就已经不再只是理论上的应然，而是实实在在的生活体验了，连一些顽固敌视社会主义制度的人士面对社会主义取得的成就也不得不承认这一点。但是，我们清醒地知道，"社会主义本身是共产主义的初级阶段，而我们中国又处在社会主义的初级阶段，就是不发达的阶段"，社会主义的巩固和发展还需要几代人、十几代人甚至几十代人的努力。因此，社会主义的优越性从应然到实然的转变将会是一个长期的过程。

我们必须正确面对社会主义初级阶段的国情，既要坚信社会主义在本质上优于资本主义，同时更要脚踏实地地做我们正在做的事情，为社会主义的优越性从应然到实然的转变创造更为有利的条件。①坚持解放思想，实事求是；②坚持改革开放；③坚持科学发展，促进社会和谐；④坚持全面建设小康社会的目标。从而坚定不移地沿着中国特色社会主义道路前进，才会让社会主义的优越性发挥得越来越充分。

纳入制度化轨道的信用秩序建设

对于信用的重要性，许多企业和个人都有过刻骨铭心的感受。信用对于现实生活的重要性早已不言而喻。面对信用缺失的乱象，建立、健全我国的信用秩序已经成为当务之急。

没有法治，信用秩序就难以真正建立与实现。讲信用的背后是严格的法律法规和对失信的制裁。应把我国的社会诚信体系建设提升到战略高度，并建立守信激励和失信惩戒机制。同时，也应加快第三方评估机构建设，建立科学有效的信用评估机制。

一、当前信用体系建设现状

近年来，国家在社会信用体系建设方面发布的相关文件及建设思路不可谓不清晰。早在中共十七届六中全会上，就提出了"要大力推进政务诚信、商务诚信、社会诚信和司法公信建设，抓紧建立健全覆盖全社会的征信系统"。中共十八届三中全会通过的决定也强调："要建立健全社会征信体系，褒扬诚信，惩戒失信。"

在2015年年初由李克强总理主持的国务院常务会议上，部署了加快建设社会信用体系、构筑诚实守信的经济社会环境，会议还原则通过了《社会信用体系建设规划纲要（2014~2020年)》。在十二届全国人大二次会议上，李克强总理在《政府工作报告》中进一步指出，要加快社会信用体系建设，并最终实现让失信者寸步难行，让守信者一路畅通。

那么，在一系列有关信用体系建设文件出台的当下，我国信用体系建设的实际情况如何？近十几年来我国的信用体系建设虽然有了具体思路，但是还没有达到立竿见影、解决实际问题的效果。我们目前仍处在信用建设的第一个层面，就是靠口号式呼吁和推动，而这解决不了实际问题。由各部门牵头出台有关信用体系建设方面的规划，仍需要在可操作性上下功夫。防范信用风险亟须建立诚信体系框架，而诚信体系框架包含制度建设、规则建设、惩戒机制建设及技术支撑系统建设等内容。

二、如何建立信用秩序

建立信用秩序先要依靠法治。要出台严格的法律法规和对失信行为的制裁措施。同时，政府要为社会信用体系建设创造良好的法治环境。此外，政府应以身作则，带头讲信用，老百姓才会上行下效。党中央、国务院出台的文件能否尽快落实、早见成效，这也是考验党和政府是否讲信用的试金石。

信用建设和法治建设相辅相成，必须要通过信用法治建设让每一个守信的公民或企业得到更好的发展并受到尊重。当前我国目前的失信成本过低，必须加大对失信者的惩戒，才能真正做到让失信者寸步难行。

加强市场监管体系的一个重要方面，就是建立统一规范的信用体系。其中包括加快构建市场主体信用信息公示体系、加强市场信用监管技术手段体系建设以及建立守信激励和失信惩戒机制。只有建立守信激励和失信惩戒机制，才能真正形成良好规范的市场秩序，只有加大企业的失信成本，对失信主体在投融资、土地供应、招投标等方面依法依规予以限制，对严重违法的失信主体实行市场禁入，才能从根本上促进企业诚信守法。

总之，目前我国的征信业有很大发展空间，其中，政府治理诚信缺失的需求将占很大比例。如政府在招投标领域的资质审核等都需要信用服务业。而且随着市场经济的发展，中国征信模式会走进完全的市场化模式里。在全国信用体系建设的过程中，应该抓住核心，明确政府的主导地位，国家应鼓励成立专职进行信用评估的第三方社会组织，以推动我国的诚信体系建设。

如何在规范中实现秩序与自由的统一

法国学者米歇尔·福柯在其《规训与惩罚》一书中虚拟了一所"监狱之城"，这可以从我们的监狱、军队中找出其影子。规范正从禁闭地（监狱、疯人院）走入我们今天制度化的组织与非制度化的日常生活之中："通过强规范无纪律者或者危险分子的行为，反过来也通过制定技术与理性思考来使自己被'规范化'。"规范不应该是一种制度，而是一种技术，甚至是一种空气，由僵硬沉重的压制结构化为轻盈、无孔不入、浸润全身的氛围。规范在最根本层面上将个人铸造为日常生活的"前台"所需的社会化的角色，并在这个过程中使异己的他律内化为自我认同的自律。

一、规范的功能是建立秩序与保障自由

秩序是社会生活中最基本的需要。如果不存在秩序，任何人都不可能从事其事业，甚或不可能满足其最基本的需求。在复杂多变的社会生活中，人们通过制定一定的规范，从而保证社会环境具有一定的稳定性和有序性。一定的社会规范总是意味着一定的社会秩序。

从个人的角度讲，规范是人们参与社会生活的行为准则，它对人们在特定的社会环境中"应该怎么做、不应该怎么做"以及"可以这样做、不可以这样做"做出了具体的规定。从社会的角度讲，规范是人类的社会生活模式，它对人与人之间应如何相处、如何通过与他人或社会的关系来满足自己的需求及如何最终在群体中实现利益分配做了具体的规定。各种社会规范（包括法律、道德、礼仪私宗教等）都是人类为了更好地满足自身的需求而形成、制定的。一种规范就应当是一种使人类需求得以满足、人性

得以体现的社会生活模式。因此，衡量某一社会规范是否具有合理性，主要看它在当时的历史发展时期是否满足了人类自身的某种需求，并使人性得到最充分的体现。

二、规范的应然价值取向：秩序与自由的和谐统一

良好的规范可以为人的行动选择提供依据，表现为对人的行为的一种约束与限制，但是约束与限制并不是人类社会形成规范的目的所在，而应当是保证人们在自由的环境当中享受生活与创造的快乐。那么，规范如何才能实现秩序和自由之间的动态统一呢？必须切实从如下两方面着手：

一是增进规范的开放性。社会规范要形成稳定的社会秩序，就必须具有一定的权威性，因为只有权威才能建立起一定的秩序，只有保证其有效的合理性，才能真正保证人的自由个性发展。规范的合理性必须具有自我改进、自我完善的开放性。规范的绝对权威性所导致的规范内容的僵化必然会束缚个性的自由发展。规范的开放性应当表现在它适应不同场合的灵活性，应当随社会环境的变化而变化。为此，应该在规范的制定方面坚持与时俱进，一切以时间、地点为转移，要认真执行管理规范，但又不是固守规范。

二是强化规范的自律性。规范的有效运行一般需要借助两种维持模式：内在维持模式和外在维持模式。所谓内在维持模式（自律性）是指将社会规范内化于自己的社会实践意识当中，从而在广泛的日常社会生活当中，自觉或不自觉地遵照社会规范行事。外在维持模式（他律性）是指社会根据规范所提供的判断人们行为的善、恶以及对、错的标准，对不符合社会舆论等强制性方式加以谴责与制裁，从而迫使人们在社会生活中按规范行事。规范的价值取向应是追求内在维持模式，即自律性，借助于对规范的内化而形成良心。

规范只有具备了开放性和自律性两个特性，才能在自身真正实现秩序和

自由的统一。尽管以上对秩序与自由矛盾的解决办法有很强的理想性,而且在现实社会的实践操作中存在一定的难度,但如果坚持不懈地朝这两个方向努力,人们就一定既能在稳定的社会秩序中享受生活的安宁,又能在自由的环境中享受创造的快乐。

第六章　大秩序时代的大教育构筑

　　良好的教育秩序的建立，是我们国家稳定和发展的基础。贯彻"百年大计，教育为本"的大思想，重建礼乐文明并使道德回归，重建失范的职业教育秩序，以及在线教育对行业秩序的重塑，都体现了大秩序时代的大教育构筑，是这个时代所特有的创新精神在教育领域的反映，而构筑这种创新性就是为了发挥教育功能，保障国家的稳定与发展。

教育与社会经济发展的关系

　　教育是人类文明进步的重要标志，更是社会经济发展的重要动力源泉。随着知识经济时代的到来，人类的未来和国家的繁荣比以前任何时候都更加依赖教育，对于国家和民族来说，教育关系到整个国民素质的提高，关系着政治、经济、文化和社会的发展。因此，通过分析教育与经济的双向的、非均衡的互动关系，有利于我国政治、经济、文化、社会等方面的协调发展。

一、教育是人力资本和物资资本积累的重要途径

　　人力资本和物质资本是发展经济不可或缺的两类生产性投资。人力资本是凝聚在劳动者身上的知识、技能及其所表现出来的能力。这种能力是生产

增长的主要因素，也是给个人和社会带来财富的源泉。经济建设的实践证明，对人力资本投入的收益要高于对物质资本投入的收益，而教育投资是人力资本投资的主要部分。当前国际竞争的实质是科学技术和人才的竞争，而对高水平人才的培养是一个长期的过程，因此将教育置于优先发展的战略地位，提前创造有利于经济结构变迁和社会发展的教育条件和人力资本，已经成为经济发展后进者赶超先行者的普遍经验。人力资本作用的发挥需要一定的社会支持环境。教育领域应当以社会需求为基础，兼顾社会发展的现状与未来，有针对性地培养各级各类人才。教育制度与社会需求的矛盾往往导致人力资本稀缺或过剩，而社会人才使用机制的缺陷又极有可能导致人才外流，给社会发展带来巨大的损失。九年义务教育的实施，标志着我国对教育的重视，让更多人接受至少九年的教育。这些都是我国在看到教育对经济发展的重要性后对教育投入的高度重视。教育投入对经济发展有着很大的牵引作用，特别是西部地区。

教育是调节我国当前劳动力市场供求平衡的核心要素。劳动力是劳动者从事生产劳动的能力。劳动力市场是劳动力需求与供给及其运动关系的总和。当前我国劳动力市场需求以高劳动技能、高熟练劳动程度为主的智力型劳动力为主要特征。而教育的主要任务则是把科学理论和技术转化为劳动者的技能、技巧，从而提高他们的劳动能力，以满足劳动力市场和社会经济发展的需求。因此，没有高质量的教育就无法实现真正意义上的劳动力供求平衡。

教育是缓解劳动力市场就业压力的重要途径。教育可以通过调整低、中、高三级教育，普通教育与职业教育以及教育体系中不同专业的比例关系，使毕业生总体层次和专业结构与社会产业结构和就业结构大体保持动态吻合。教育可以通过调整和更新教育内容的方式，用最新的科技成果武装毕业生的头脑，使之适应产业结构的更新换代。教育可以通过再培训的方式帮助社会富余人员和失业者再次找到工作岗位或者进行创业。市场经济中劳动力市场的需求弹性影响学校教育的专业调整。一般而言，宽打基础、缓分专业已经成为当今世界各国大中专院校专业设置的普遍经验。受教育者在劳动力市场中功能的发挥受社会政治、经济、文化传统等多方面因素的制约，因而帮助受教育者树立积极的择业观和创业观，已成为缓解我国当前毕业生就业问题的重要手段。

二、教育促进经济的增长与发展

教育为经济发展提供着重要的智力资源。美国国民生产总值中的高科技含量已高达 80%，日本为 75%。在我国一些较发达的地区（如经济特区），科技含量在国民生产总值中可以占到 60% 左右，但在一些落后的省份，自然型的农业经济和粗放型的工业经济还占很大比重，高科技含量还不到 15%。乐观地估计，全国经济发展中高科技贡献的平均水平大概在 30% 左右。很明显，我国在 21 世纪追赶世界先进水平，除了大力开发人力资源，大力发展科技和教育事业，没有第二条路可走。当今世界知识经济的兴起已经向人类昭示了一个重要信息，即在未来社会的生产中，劳动者的知识与技术水平将取代资本和自然资源而成为最重要的生产要素，建立在知识基础上的高科技将为人类寻找到可持续发展的新资源、新天地。

高科技的发展有赖于高水平人才的创新活动，而高水平创新型人才则需要教育的精心培养。大学阶段的教育，类似一件产品的成型阶段，培养出来的人将直接进入社会的生产活动过程。个体在基础教育阶段所形成的基础知识、基本能力要在教育阶段进一步发展为专门的应用能力，包括发展为实际工作中的创新能力。因此教育是培养高水平创新人才的关键一环。教育的发展水平直接决定着一个国家高级专门人才的数量和质量，也在一定程度上决定着高科技领域的发展水平，从而决定其可持续发展的能力。

教育为经济发展提供重要的知识基础和先进的科技成果。对于社会的发展来说，知识、技术、产品是现实的力量。工具、工艺、方法与管理的水平直接决定着生产的效率。教育不仅通过培养人才为社会的可持续发展提供智力支持，而且还通过科研活动直接为社会的可持续发展提供各种知识、技术和产品等支持，为经济可持续发展战略的实施提供不可或缺的重要条件。

高等教育是国家科技创新体系的重要组成部分，教育的发展要与经济社会发展紧密结合，既要为现代化建设提供各类人才支持，又要提供知识贡献。由于高等学校具有多学科并存以及注重系统知识传授的特点，所以它在总结、整理人类已有知识成果以及开展基础研究方面往往占有一定的优势，一所高水平的大学往往就是一座人类知识的宝库。另外，在现代社会，随着各国政府和社会各界对高等学校社会服务职能的强调，高等学校越来越重视科技成果的开发、转化和推广工作，其对于社会发展的直接作用越来越大，许多高等学校已经成为社会的知识创新与传播以及科技发明与推广的中心。在过去几年里，国家对高等教育的投入力度也在加大。

中等职业教育是目前我国职业教育的主体，担负着培养数以亿计技能型、高素质劳动者的重要任务，尤其是在我国"三农"问题亟待解决、工业化进入中期阶段、城市化进程加快以及农村劳动力大量转移的宏观背景下，发展中等职业教育越发重要。中等职业教育不仅为推动地方经济发展提供人才支撑，而且也为促进农村劳动力转移、加快新农村建设提供重要保障。

教育为经济发展注入重要的精神动力。经济发展需要劳动者知识与能力水平的提高，需要科学技术的支持，更需要人类成员间的相互理解、宽容和合作，需要人们摆脱那种根深蒂固的极端利己主义的价值取向，需要一种科学高尚的精神境界或精神力量。

城市与农村工资收入比较。从城镇与农村来看，城镇的居民受教育程度要大于农村受教育程度，这点是值得肯定的。受教育程度与收入（也就是经济）的关系即受教育程度越高，收入就越高，带来的经济效益就越大。

要提高人类自身的文明水平，提升人类的精神追求，除了寄希望于社会制度的变革和加强法治以外，最实际、最根本的措施还在于教育。因此，社会总是希望教育在防止道德滑坡、重建人类精神家园方面发挥更积极的作用，为社会的现代化进行价值导航。

教育与人的身心发展的关系

人的身心发展是由遗传、环境、教育综合作用的结果。真正把遗传提供给人的发展的可能性转化为现实的是后天的环境，尤其是作为后天环境重要组成部分的教育。教育对学生的身心发展起着主导作用。

人的身心发展是指从出生到身体成熟和心理成熟的过程中向积极方向进行有规律的发展完善的变化过程，是由简单到复杂、由低级到高级不断上升的运动过程。身体发展和心理发展既相互制约，又相互促进。身体的发展特别是脑神经系统发展的状况和水平制约着心理活动及其发展。同样身体的发展也应受到认识、情感、意志、性格等心理过程和心理特征的影响。教育工作者的任务就是不断引导并促进学生身心和谐健康发展。为此，正确理解身心的含义和内容，才能使我们的教育工作有一个科学的基础。

一、影响人的身心发展的因素

影响人的身心发展的因素是多方面的，其中主要有遗传、环境和教育。任何个人的发展都是上述三种因素综合作用的结果。

遗传素质提供了身心发展的可能性。每个人的心理活动以及表现出来的智力、才能和个性特征，都在一定程度上受到先天遗传因素的影响和制约，都以一定的遗传素质为物质前提。但是遗传素质并不等于才能，它仅为人的发展提供可能性，这种可能性只有在不断的实践中主动地接受环境与教育的影响，才能最终转化为现实性。

环境对人的影响主要表现在能够为人类的生存提供必需的物质生活基础，能把遗传提供给人的发展的可能性转化为现实，并能影响遗传素质的发展变化和差异性。更重要的是环境能够制约人身心发展的方向和性质，影响身心发展的速度和进程。

在一定的条件下，与遗传素质和自发的环境影响相比，教育在人的身心发展中起着主导作用。这主要是因为：首先，学校教育对人的身心发展的影响，始终是有目的、有计划、有系统、有组织地进行的，因而教育影响力更集中持久。其次，学校教育能够对各种环境加以一定的控制和利用，使人先天遗传素质的某些优势得到更好的发挥，也能给某些患有先天缺陷的学生以教育补偿或抑制某些缺陷的发展。最后，学校的施教人员是受过专门训练的专业教育人员，懂得教育科学、掌握教育技能、技巧。因而，更增加了教育的科学性和有效性。所以，遗传、环境和教育都是人身心发展不可缺少的因素，在人的身心发展中发挥着不同的作用，它们相互制约、相互促进，片面夸大某一因素作用，而忽视甚至抹杀其他因素作用的"遗传决定论"、"环境决定论"和"教育万能论"的观点都是错误的。

需要说明的是，环境和教育对人的发展起决定作用，但是环境和教育不能机械地决定人的发展。人的需要、愿望和他们已有的心理发展水平之间总是相互影响、相互制约、对立统一的。而人的需要总是随着社会物质生活条件的改变和对人提出的要求的变化而不断发展的。一种需要满足了，新的需要一经产生，就会与已有的心理发展水平发生矛盾，就要求改变原有的心理水平，使之提高到与新需要相适应的新高度。人的需要和他的已有心理发展水平之间总是处于这种既对立又统一的矛盾运动中。正是这种矛盾运动构成了人的身心发展的动力，从而推动人的心理不断地向更高的水平发展。

二、教育的根本任务在于育人

从教育与人的身心发展的规律来看，人的身心发展是有规律的。教育只有遵循了人的身心发展规律，才能行之有效。首先，人的身心发展过程是由低级到高级、由简单到复杂，具有一定的顺序性。身心发展的顺序性决定了教育教学工作的顺序性。无论是思想品德的修养，还是知识、技能的传授，都应坚持由易到难、由简到繁、由具体到抽象、由低级到高级循序渐进地进行。其次，人的身心发展又是阶段性的。身心发展的阶段性决定了教育、教学工作的阶段性。学生年龄阶段不同，对接受施教的内容、方法能力也不同。适应身心发展速度的不均衡性规律，教育应适时进行。适应身心发展的稳定性和可变性规律，教育应相对稳定。适应身心发展的个别差异性规律，教育应因材施教。

因此，研究教育必须了解教育与人的身心发展的关系，这样才能对教育的本质有更深刻的认识。学生的身心发展离不开教育，而教育又受学生身心发展的特点和规律制约。教育与人的身心发展之间存在着必然的本质联系，反映了教育的一条基本规律，掌握并遵循这一规律，才能收到良好的教育效果。

事实上，从注重培养人的才识到注重培养人的品德；从注重培养优秀人才到注重培养合格公民；从注重培养全民的科学文化知识到注重培养全民的思想道德文化素养等，这一切真正揭开了教育的庐山真面目，我们为此欣喜、激动。是的，我们常常感慨学生的高分数低素质与公民道德的沦丧等不良的社会现象，也许，这正是我们对教育的理解、认识的偏差所致。注重学识，忽视品德，就远离了教育的本质所在。

教育部基础教育司德育工作处原处长孙学策教授说："教书育人——教书是手段，是途经，育人才是教育的终极目的。"诚如斯言！

"百年大计，教育为本"的大思想

我国的教育优先发展思想是邓小平同志最早提出的。1977 年，邓小平指出："我们要实现现代化，关键是科学技术要能上去。发展科学技术，不抓教育不行"；"我们要赶上世界先进水平，从何着手呢？我想从科技和教育着手"。1985 年《中共中央关于教育体制改革的决定》指出："教育必须为社会主义现代化建设服务，社会主义现代化建设必须依靠教育。"1987 年，中共"十三大"进一步提出："百年大计，教育为本"。2014 年 9 月 9 日，习近平同志在北京师范大学考察中强调："百年大计，教育为本。教育大计，教师为本。"这 16 个字，更是进一步反映出中共中央对教育的重视程度。

一、百年大计，教育为本

教育是民族振兴、社会进步的基石，是提高国民素质、促进人全面发展的根本途径，是中华民族最根本的事业。大力发展教育事业，是全面建设小康社会、加快推进社会主义现代化、实现中华民族伟大复兴的必由之路。当今世界，人才成为国家竞争力的核心，教育成为国家竞争力的基础。在人类社会的深刻变革中，教育发挥着举足轻重的战略作用。教育兴，则民族兴；教育强，则国家强。我们国家的现代化、中华民族的伟大复兴，归根结底取决于教育。

义务教育是一个国家文明进步程度的标志，是教育工作的"重中之重"。没有义务教育的普及和提高，便没有国家现代化的未来。中国作为世界上人口最多的发展中国家，不仅实现了世界上最大规模的九年义务教育，而且彻底甩掉了"文盲大国"的帽子，用 25 年走过了西方发达国家近百年才走完的普及义务教育之路，这在人类教育发展史上前所未有。"两基"目标的全面实现，是一项史无前例的创举，"它改变了中国的命运"，创造了发展全民教育的奇迹。这也是有着 13 亿人口的中国对全人类文明进步做出的伟大贡献。

国民教育的普及程度是一个国家现代化基础水平和文明发展程度的标志。从教育优先发展战略的确定到法制政策的制定和完善，从改革教育管理体制到西部"两基"攻坚，从实施免费义务教育到城乡教育均衡发展，25 年的奋斗与探索，充分体现了"党以重教为先，政以兴教为本"的执政理念，顺应了时代发展的新要求，顺应了人民群众的新期盼，顺应了教育改革发展的规律和趋势。"两基"目标的全面实现，推动了我国经济社会发展与进步，推动了我国从人口大国向人力资源大国的转变，促进了教育公平和民生改善。我国是人口大国，人口素质上去了就是最大的优势，人口素质上不去就是最大的负担。"两基"的快速发展，使我国成为世界上总人力资本最大的国家和总人力资本增长最快的国家。受教育年限的增长，国民教育基础规模的壮大，国民素质的大力提高，为我国现代化建设奠定了坚实的国民素质基础和重要的人力资源基础，为我国综合国力提高、民族复兴提供了强大的智力支持和人才储备。

我国已全面普及义务教育，从根本上解决了适龄儿童少年"有学上"的问题，使数以亿计的适龄儿童少年实现"有教无类"，惠及千家万户，有力地促进了教育公平、民生改善及社会和谐。但要看到，区域、城乡、学校之间的办学水平和教育质量还存在差距。我们要把推进教育均衡发展、保障适龄儿童少年接受良好义务教育作为今后一个时期的主要任务，缩小城乡间、县域内学校之间的差距。农村义务教育学校布局，要统筹考虑城乡人口流动、学龄人口变化，以及当地地理环境及交通状况、教育条件保障能力、学生家庭经济负担等因素，努力满足适龄儿童少年就近接受良好义务教育的需求。

社会的某些失范对教育秩序极具破坏性，例如一个孩子在学校受了一天的教育，走在回家的路上被游戏厅、网吧或暴力或黄色画所诱惑，这显然不是教育本身的问题。教育大秩序的重建，其实就是社会大秩序的回归。中国真正的大教育重建是将教育部、文化部与宣传部合而为一，这样才能将"百年大计，教育为本"的思想真正落到实处，也只有这样，大秩序时代才能在重建和回归后延绵不断。

二、教育大计，教师为本

习近平同志在北京师范大学考察时说："百年大计，教育为本。教育大计，教师为本。努力培养造就一大批一流教师，不断提高教师队伍整体素质，是当前和今后一段时间我国教育事业发展的紧迫任务。"

教师是人类灵魂的工程师，肩负着开启民智、传承文明的神圣使命，承载着千万家庭的美好梦想和希望，是社会主义事业建设者和接班人的培育者。这方面的工作除了政府和社会的积极支持外，更重要的是教师本身要有强烈的责任心，这种责任心主要体现在以下几个方面：

（1）对全体学生负责。教师教书育人应是面对全体学生。当教师踏进校门的那天起，便对每一位学生负起责任，必须关爱学生，尊重学生人格，促进他们在品德、智力、体质各方面都得到发展。

（2）对学生的未来负责。教育是一个长期发展过程，同时又是环环相扣的过程。一个环节出现缺陷会给其他环节造成困难，从而影响学生的正常成长。教师应该立足现今，着眼未来，以苦为乐，甘于寂寞，勤勤恳恳，充当人梯，负起我们这个光荣而艰巨的任务。为后代着想，为家长负责，为学生负责。

（3）对传授的知识负责。教师所传授的，对学生来说都是新知识，对知识的第一印象会给学生留下根深蒂固的影响。教师的教授内容必须准确科学。教书育人是一项职责重大的严肃工作，来不得半点虚假、敷衍和马虎。不允许不清和错误的概念出现。要保证学生掌握真正知识，作为教师不能用照本宣科、"满堂灌"等方法来教育学生。这就要求教师自身应当有渊博的知识、通达的学识，能够对科学知识的严密系统有通透的理解，如此才能在教学过程中做到钩深致远、游刃有余，如此知识才能被学生接受理解，内化为学生的知识结构，并转化为学生解决问题的能力，才能完成知识传授的过程。

教师不仅仅是一种职业，而是太阳下最光辉的职业，教师在人类社会发展中起着桥梁和纽带的作用，承担着人的思想文化传播，新一代的培养，各种社会所需要的人才的造就等艰巨任务。我们只有不断地提高自身的道德素养，才能培养出明礼诚信、自尊、自爱、自信和有创新精神的高素质人才。

礼乐文明的重建与道德回归

经过2000多年的经营，礼成为在方言与风俗之上的一个更高层次，彼此说话可以听不懂，可以对年节习俗发表不同意见，但在礼的层面上却能彼此认同，这是中国特有的文化现象。如果能将礼仪教育与道德教育紧密结合，社会的气象将为之一新。

一、礼乐文明的缘起

中国人重礼治有其深刻的历史渊源，可以追溯到殷、周之际。殷、商是中国青铜文明的鼎盛时期，经济实力空前。王室贵族酒池肉林，夜夜笙歌，尽享腐败糜烂的物质生活，他们崇拜鬼神，自信有天佑神助，无人可以奈何，故为所欲为，施暴万民。然而，牧野一战，殷人的帝国大厦轰然顷刻覆亡。政局变化之快，就连周人也感到震惊。是事出偶然，还是必然？周人应该如何避免重蹈殷人的覆辙，如何确立可以长治久安的立国之道？

在这个历史的重大转折关头，周公总结殷人亡国的教训，认为主要原因是纣王"不敬其德"，致使民心尽丧。为此，周公提出"明德慎罚"的治国纲领，昌明德性，占据道德制高点，用人性化的政策赢得民心。周公从道德高度对贵族下达严禁酗酒、盘桓于田猎、欺侮鳏寡之人等禁令；同时提出敬德、保民、慎罚、孝友等德目。为了将上述理念落到社会实处，避免流于口号与空谈，周公按照道德理性的要求，制定了一系列典章制度和行为准则，史称"制礼作乐"。

周公新政以道德为立国之本，是一场真正意义上的革命，影响深远。王国维在《殷周制度论》中说："殷周之兴亡，乃有德与无德之兴亡。"周公制作之本意，是要"纳上下于道德，而合天子、诸侯、卿大夫、士、庶民以成一道德之团体"。周代礼乐制度，是周人道德觉醒与理性精神的展现，中华礼乐文明的底蕴由此奠定，礼治也成为了古代中国思想界的主流意识。

礼的文化意义在于：①礼是人自别于禽兽的标志；②礼是文明与野蛮的区别，这是更高一个层次的区别；③礼是社会一切活动的准则；④礼是修身的主要门径；⑤礼是民族凝聚的核心。周公制礼作乐，昭示了社会文明与进步的正确方向，受到全社会的普遍认同。

春秋时期，尽管礼乐遭受严重破坏，但社会精英依然坚定地将礼视为不可须臾离的大经大法。此后，经过孔子及其弟子的阐发与弘扬，礼乐文化与儒家性善论，以及"修身、齐家、治国、平天下"的人身目标，以及民生日用融为一体，结构不断完善，所有的礼仪均被纳入吉、凶、军、宾、嘉"五礼"的框架之中。同时，学理日趋缜密，并出现了作为礼学理论形态的《仪礼》、《周礼》和《礼记》三部经典，学术与治术兼包，影响深远。经过千年的熏陶，举国上下形成共识：天地之间有公理，有正气；得道者多助，失道者寡助，得道之至，天下顺之，失道之至，亲戚叛之；人有良知。这成为中国文化的底色。礼又被赋予形而上的色彩，被认为是天地之道在人间的体现。

二、礼乐文明的现代价值

中国文化是以人为中心的文化，从周公"制礼作乐"起，民本主义迅速崛起，天意与民意几乎等同，人的自主意识抬头，人性本善，人的灵魂不仅要由自己来管理，而且能管好。礼是把抽象的道德转换到操作层面的不二法门，唯有经由礼，道德才能落实到人的身上，进而推动社会的进步。在当代中国，传统礼学依然有其生命力，至少在以下几方面可以继续发挥作用。

一是让道德教育落到实处。近几十年的社会变革证明，物质与精神犹如车的两轮，缺一不可，在物质文明发展到一定程度之后，精神层面的需求就被提上议事日程，正如《管子》所说："仓廪实而知礼仪，衣食足而知荣辱。"只有物质享受，而没有道德理性的引领，社会将在迷失中走向毁灭。近年，各地教育注重师生道德塑造，恰恰反映了社会对道德的呼唤。但是，只有体现在人的身上，对人与社会的进步发生作用，道德才是鲜活的、有价值的，而礼恰恰是把道德转换为可以操作的规范的完整体系。如果能将礼仪教育与道德教育紧密结合，社会的气象将为之一新。

二是引导人们相互尊重。人与人需要相互尊重，只有如此，才有人际的谐和。每个人都渴望得到尊重，彼此不尊重，是引发冲突、甚至悲剧的引子。礼的基本精神是尊重对方，是以对方的存在作为前提，并且对对方要抱有敬意。我以恭敬之心善待对方，并且通过肢体语言表达出来，让对方感受到，我希望对方也以同样的方式来对待我。这就是《礼记》所说的"礼尚往来"。礼之用，和为贵，不推行礼的教育，社会就永远不会和谐。

三是为社会树立符合道德理性的规范。如今在社会秩序方面出现的种种乱象，包括某些国民出境旅游饱受指责，归根到底是行为"失范"。问题的严重性在于，这种失范不是个别的、偶发的，而是群体的、普遍的，由此损害了中华民族的形象。这类现象的出现，责任并不都在民众，因为社会并没有给他们提供具体的行为规范，更没有给予系统的、持久的规范教育。编写符合中华文化传统的礼仪读本，推行全民礼仪教育，重塑中华民族形象，应该是恰当其时。

中国文化中的礼，与修身、齐家密切相关，内涵极其丰富。社会在飞速发展，中华礼仪尽管表面凋零，但根犹在。所以，我们的教育要建设人的心灵秩序，就要注重礼乐文化的重建与道德回归，使教育再创辉煌。

职业教育秩序的失范与重建

当前我国职业教育面临着秩序失范的困境，具体表现为职业教育价值选择失准，职业教育结构失衡，职业教育制度失调。良好的秩序是推动职业教育变革的基石，职业教育的改革与发展依托于秩序的调整或更替。因此，应立足人本与和谐、公平与补偿、竞争与合作的视角，用新的思维重建职业教育秩序，推动职业教育可持续发展。

一、职业教育秩序的失范

改革开放以来，我国职业教育取得了一系列令人瞩目的成就。随着市场经济体制的建立和深入，我国职业教育不断面临新问题，职业教育失序的现象时有发生，这不利于职业教育的可持续发展。这是因为，由计划经济体制下的职业教育秩序向市场经济体制下的职业教育秩序转变的过程中，陈旧秩序的顽强历史惯性时而显现，而新的秩序尚不成熟。职业教育的价值取向不可避免地受到普遍质疑，职业教育的结构和制度也难免会出现紊乱现象。

一是职业教育价值选择失准。职业教育价值选择失准是指受外在经济利益所驱使，职业教育的功利性和工具性凸显，职业教育过度关注社会发展，相对冷落、窄化了人的发展，以至于职业教育难以抵挡"工具理性"不良导向的诱惑和侵蚀，因而也变得急功近利。一方面，职业教育功利性凸显，职业教育的课程设置、教学目标、教学内容、教学过程等的设定与安排都与物质功利脱不了干系，与经济利益高度相关；另一方面，职业教育工具化盛行，工具性价值观在职业教育的培养目标、培养过程和培养结果方面都有体现：培养目标是为社会建设服务，培养过程是专业技能的规训，培养结果是输出"工具人"。当职业教育对人生使命的关注趋于减弱，成了人们获取物质利益的工具，很大程度上就偏离了"培养全面发展的人"这一目标，使人成为片面、低俗之"物"。

二是职业教育结构失衡。职业教育结构失衡是指职业教育系统内各要素之间的相互联系与构成比例存在失衡状态。在计划经济体制向市场经济体制转型的过程中，职业教育结构逐渐由封闭性和单一性走向开放化和多元化。然而，由于生产力水平、国情以及职业教育规范发展的历史不长等因素的限制，职业教育结构难免出现失衡状态。职业教育结构失衡主要表现为类型结构失衡、层次结构失衡、办学结构失衡和地域结构失衡。职业教育结构失衡很大程度上反映出职业教育存在着不公平问题。忽视针对各种社会人群的职业培训、高职院校招收中职院校毕业生的比例较低、民办教育的弱势、农村职业教育和西部职业教育的滞后等，都是职业教育不公平的重要体现，其实质是对弱势教育类型、弱势办学主体和弱势学习群体的忽视，这对职业教育自身、学习者个体、整个国家和社会的发展来说都是不利的。

三是职业教育制度失调。职业教育制度失调是指职业教育机构和规范系统在设计与安排上不够合理，致使职业教育呈现不稳定状态。在国家大力发展职业教育的背景下，我国职业教育失调现象日益普遍，职业教育资源分配体制和职业资格证书制度的失调便是其中的典型。

在职业教育资源分配体制方面，资源的稀缺使得现行的职业教育资源分配体制带有浓厚的计划色彩。在现行体制中，政府和职业教育办学主体之间是一种"主从"关系，政府处于主导地位，职业教育办学主体处于从属地位。政府是资源（包括法规、制度、经费等资源）的主要供应者和教育事业的管理者，拥有各种调控手段；职业教育办学主体则是在政府提供的资源环境下受调控管理的办学者。在此体制中，"谁能挤进政府认可的'重点'行列，谁就能比'非重点'得到更多的资源"。政府主导和安排资源的分配，易产生无序的行为。职业教育办学主体对政府"一呼百应"，导致"职业院校升格热"、"示范院校建设热"等攀高和趋同现象。

在职业资格证书制度方面，主要存在认定之风狂起、多部门之间沟通不畅、国家执行力度不够等问题。由于条块分割现象严重，不同颁证部门互不承认对方的培训成果，致使工作重复，资源浪费，职业资格证书的科学性、严谨性和权威性大打折扣。事实上职业院校颁发职业资格证书具有可行性和必要性；一方面，职业院校为职业资格证书的发放提供软硬件保障，提供较完备的实验实训设备、建立"双师型"教师队伍、开展多种考核认证工作等；另一方面，职业院校颁发职业资格证书有利于提高职业教育学习者学习的针对性，增强他们的就业竞争力。但是，由于国家贯彻力度不够，职业资格证书制度在职业院校的推行难以取得新的进展。在这种情况下，职业资格证书的含金量自然不高，其社会认可度偏低。

二、职业教育秩序重建

当前和今后一个时期，我国发展处于可以大有作为的重要战略机遇期。职业教育迎来一个最好的发展阶段。在职业教育发展的黄金时期，要认清形势，明确思路，用新的思维重建职业教育秩序，这是实现职业教育可持续发展的重要途径。

一是以人为本，崇尚和谐，进行价值重塑。人的需要或者人这一属性在当前备受重视，尊重个体价值理应是当前社会阶段正确的教育价值选择。凸显职业教育的本体价值是首要之举，是体现"以人为本"的理念。职业教育迫切需要打开职业教育学习者的内心世界，探究他们的内在需求，为学习者的思想净化、心灵美化、人格塑造、性情陶冶、创造性和积极性的发挥以及精神世界的丰富提供动力和支持，同时重视职业教育的本体价值和其社会价值和谐发展。

二是彰显公平，提倡补偿，制定结构调整的准绳。职业教育是一种"全民教育"，对所有人群开放。它既包括绝大多数来自工人、农民家庭，或者是应试教育的失败者、社会失业者的学校职业教育，又包括弱势人群的职业培训。公平性是职业教育的明显特征，职业教育是社会公平的"缔约者"，担负着实现和维持社会公平的职责。应对职业教育的弱势教育类型、弱势办学主体和弱势学习群体实施补偿和倾斜措施，主要是教育资源配置方面的补偿和倾斜。给予弱势教育类型、弱势办学主体和弱势学习群体的优待表面看似不平等，但实际上却是公平的，符合亚里士多德的"补偿原则"，这是实现现代教育正义和社会正义的有效策略。能否做到教育资源配置方面的补偿和倾斜，取决于政府对职业教育的干预方式和程度。

三是鼓励竞争，引导合作，这是制度重建的基点。竞争与合作相互联系、相互制约，两者是相辅相成、辩证统一的关系。竞争与合作的战略能够规避完全竞争和完全合作所带来的负面效应。职业教育的生存和发展召唤竞争与合作制度的重建，旨在"合作起来把饼做大，竞争起来把饼分掉"，从而走向共同繁荣。职业教育的生存与发展离不开合作，职业教育制度也要引导合作。从办学主体来看，需要校企官进行合作；从管理主体看，需要部门合作；从地域视角来看，需要区域合作、国际合作、城乡合作等。

在线教育智能平台重塑行业秩序

中国在线教育于 2013~2014 年迎来了真正的爆发期，而且不仅是量的爆发，更是质的改变。越来越多的在线教育企业和传统教育企业都已经开始学会利用信息化的手段，辅以大数据的算法，推行标准化的平台，逐步开始重塑行业秩序。

教育是刚性需求，一方面，各个层次、各个年龄的人群都需要接受教育，足够庞大的市场是驱动大家纷纷投入该领域的主要原因；另一方面，教育又是个非标准化的行业，不同类型、不同人群、不同课程以及不同结果的导向，导致了这个行业中没有真正做大做强的企业，每一家企业均专注于细分领域，推出相关的产品和服务。可以肯定的是，未来基于大数据推导、差异化课程研发、互推演练等元素的产品一定会脱颖而出。

一、建立流程化、个性化的教学和运营体系

教育是一个非标准化的行业，但在某些细分的领域，通过科学的研发和实践，可以做出一套标准化的流程和体系。而任何产品一旦标准化了，就可以进行大规模的批量运营，实现几何增长。在美国上市教育公司学大教育发布的"e 学大"，就是一个基于云计算技术的个性化智能辅导平台。它利用 ASPG 个性化学习及辅导体系和大数据追踪技术，可以精准分析学生问题，例如对学生知识点的薄弱环节进行分析，并有针对性地推荐此知识点的习题加强练习。

无独有偶，互联网巨头腾讯也已经涉足在线教育，并且意图打造一套标准化的流程，腾讯课堂依托 QQ 客户端音视频和腾讯视频直播能力，能够实现

线上即时互动的课程呈现；同时提供屏幕分享、白板、提问等课程能力，能最大程度地模拟线下课堂，这种模式可以批量进行各个行业的复制和推广。

可以说，以上这种教育方式更加个性、更加效率和更加开放，解决了以往传统教育所面临的对教师依赖性强、学习内容不够精准以及教学过程对于家长来说过于封闭等问题。既能个性化教育，又能标准化运行，只有极强研发能力的教育集团才能做到这一点。

二、塑造行业标准，提高准入门槛

企业要想强化竞争力，也必须开始做一些塑造行业标准，提高准入门槛的事情。教育领域已经有几百家企业进入。单单就专业视频录制这一点，在优米网、智课网的推行下，以后的在线教育网站要想做名家视频讲课都得制作一套专业的录制体系，而此前通过电脑上 130 万像素的摄像头录制的视频就想向学生收费变得越来越难。

例如平台师资资源这一点，在以前大家比拼的是"你有 5000 老师，他有 10 万老师"等，纯粹是量级上的比拼。新东方几个离职的知名老师创办的智课网，要求和其合作的老师必须出版过专著，并且具备教学研发能力（注意：能讲课和能做教学研发是两回事），这样做的后果是以后其他网站也得提高合作教师的门槛，具备各种资质的老师才能给学生讲课。

三、大数据思维，助翻转课堂概念落地

传统教育是"填鸭式"的教育方式，每个学生听到的东西和实践是一样的，因材施教的口号喊了很多年但仅停留在探讨阶段。唯有收集足够多的数据样本，利用大数据思维，推行个性化教育才能真正做到科学学习，因材施教。

近几年一直备受追捧的"翻转课堂"是一种不以老师为中心，让学生全方面参与，以学生为主导的课堂，也因此成为了保证学生个性化学习的最佳

范本。但其在国内能够真正实现的模式，则需要线上大数据的强力支撑，小组课则是近期出现的一个新尝试。课堂容纳 3~6 名学生，通过前期学生在智能平台上的自我学习，发现学习中的问题，而老师在线下的教学中充分安排与学生互动的时间，实现知识点释疑、盲点解读等，帮助学生实现知识的内化和应用。

如果说在线教育已经爆发，那么随着行业格局的深化，拥有智能化学习平台、具备 O2O 特性的教育企业未来会走得更平稳。

第七章　当前中国经济大秩序及趋势

> 当前中国经济大秩序的构建及其未来趋势主要包括：中国经济步入新常态带来新机遇；中国经济未来的发展动力；区域协同发展带来的发展机遇；传统行业面对互联网转型如何选择；继续宽松的财政和货币政策；"大众创业、万众创新"打造经济新引擎；全领域改革攻坚，新红利如何释放；等等。

中国经济步入新常态带来新机遇

2014 年 11 月 9 日，中国国家主席习近平在亚太经合组织（APEC）工商领导人峰会上，首次系统阐述了"新常态"。其一，中国经济增速虽然放缓，实际增量依然可观。习近平说："即使是 7% 左右的增长，无论是速度还是体量，在全球也是名列前茅的。"改革开放 30 多年来，中国经济一直保持年均 10% 左右的增速。2012 年、2013 年中国经济增速放缓至 7.7%，2014 年前三季度进一步收缩至 7.4%。不过，中国经济总量已经今非昔比。2013 年，中国经济的增量就相当于 1994 年全年的经济总量。其二，经济动力更加多元化。中国正在协同推进新型工业化、城镇化、信息化、农业现代化，有利于中国经济更多依赖国内消费需求拉动，避免过度依赖出口的外部风险。其三，经济结构不断优化。2014 年前三个季度，中国最终消费对经济增长的贡献率为 48.5%，超过了投资。服务业增加值占比为 46.7%，继续超过第二产业。高新技术产业和装备制造业增速分别为 12.3% 和 11.1%，明显高于工业平均增速。单位国内生产总值能耗下降 4.6%。其四，政府大力简政放权。推行企业登记制度改革以来，2014 年前三个季度全国新登记注册市场主体 920 万户，新增企业数量较 2013 年增长了 60% 以上，实体经济活力进一步释放。

习近平指出，中国经济呈现出新常态，意味着经济增速从高速增长转为中高速增长，经济结构不断优化升级，经济动力从要素驱动、投资驱动转向创新驱动。新常态给中国带来新的发展机遇，同时，中国也要努力使自身不断发展，以更好惠及亚太地区和世界。

全国人大财经委员会副主任委员辜胜阻指出，"新常态"下的中国经济面临四个方面的"阵痛"：首先，钢铁、水泥、造船电解铝等制造业面临严重的产能过剩，制造业要"去产能化"；其次，地方政府负债率较高，金融要"去杠杆化"；再次，房地产调整"阵痛"；最后，是对环境的要求，环境要"去污染化"。经济转型中的四大"阵痛"决定了我国正面临着较大的经济下行压力。同时，也将迎来更多新机遇。辜胜阻认为，中国经济在新常态下，将面临六大新机遇。

一、人口城镇化

人口城镇化进程将创造巨大投资需求和消费需求，加速消费升级。2014 年，我国城镇化率达到 54.77%。城镇化未来发展的一个重要方向是经济发展空间格局的优化和城市群的建设。近年来，我国城市群的规划和建设急剧升温。据统计，我国现有城市群总数已超过 30 个，预计未来 5~10 年内，我国城市群将涵盖全国 815 个城市中的 606 个，人口和经济规模分别占到城市总量的 82% 和 92%。如今我国重点实施的三大战略包括"一带一路"发展战略、长江经济带发展战略以及京津冀协同发展战略，这些都与城市群的建设和发展紧密相连。城市群今后将成为城镇化的主体形态和主平台，是我国经济发展中最有活力和潜力的核心增长极，更将成为未来中国经济社会发展的中流砥柱。从这个角度来说，未来的竞争不仅是产业的竞争，更是城市群的竞争。

二、经济服务化

消费升级将创造公共性服务、消费性服务和生产性服务的巨大发展空间。据世界银行预测，到 2030 年，中国服务业占比将大幅上升，社会结构和产业结构都将发生巨大变化。经济服务化的新常态将为企业带来丰富的发展机遇。应努力发掘新的经济增长点，关注养老、医疗、卫生、旅游、文化、物流业、互联网相关产业等领域的新发展、新动态。同时，要充分发挥政府与市场"两只手"的合力，提高民间投资参与的范围和比重，共同提高经济发展效率与质量。

三、发展低碳化

资源环境"瓶颈"压力加剧、新兴产业勃发、消费者环保意识增强都将创造绿色低碳经济机遇。2013 年中央经济工作会议提出，从资源环境约束看，过去能源资源和生态环境空间相对较大，现在环境承载能力已经接近或达到上限，必须顺应人民群众对良好生态环境的期待，推动形成绿色低碳循环发展的新方式。2013 年，国务院发布了《大气污染防治行动计划》十条措施；《土壤污染防治行动计划》、《水污染防治行动计划》等也相继出台，将集中力量打好大气、土壤和水污染防治"三大战役"，绿色经济发展将带动数以万亿元计的"治大气"、"治水"、"治土"的投资，为企业带来更多商机。

四、产业高端化

产业结构的水平要从低端、中端逐步走向中高端，对冲中国经济的下行压力。今后，我国应在大力发展战略性新兴产业的同时，加快传统产业优化升级。产业结构调整的根本出路是创新，要通过创新使我国企业从价值链和产业链的低端走向中高端，这涉及技术创新、产品创新、组织创新、商业模式创新、市场创新。通过营造"实业能致富，创新致大富"的环境，培育"宽容失败、鼓励冒险、兼容并包"的创新创业文化，推动合作创新和发展平台经济，鼓励企业自主创新，使企业真正成为创新主体。

五、社会信息化

社会信息化是面对当前经济下行压力，突破发展"瓶颈"，转变经济发展方式，促进节能降耗减排，提升产业竞争力、产品竞争力的关键，是新常态下的一个新引擎。信息化可以从两个视角来考察：一是产业的信息化，即用信息技术来改造传统产业的生产、经营模式；二是信息产业化。今后，互联网将改变城市、企业、金融等诸多领域。新的产业革命的特点是"互联网+x"。比如"互联网+金融"，等于互联网金融；"互联网+制造业"，德国人称其为"工业4.0"，这将是"第四次工业革命"的重要组成部分；"互联网+城市信息化"，等于智慧城市。目前，智慧城市呈现出爆发式增长的态势，这将带来巨大的发展机遇。

六、经营国际化

据商务部统计显示，2013年，如果加上第三地融资再投资，中国对外投资规模将在1400亿美元左右，约高出中国利用外资的200亿美元，中国已经成为资本净输出国，这具有里程碑意义。当前，中国国际化战略转型需要实现从产品国际化走向企业国际化；从商品输出大国走向资本输出大国；从"中国制造"走向"中国所有"；从出口导向转向投资立国；从大多数产品贴牌生产转向品牌创新；从低层次国际分工战略走向高层次国际运营战略；从世界工厂"打工者"向全球资源"整合者"转变。

新常态下我国经济机遇与挑战并存，要全面系统地总结如何打造新引擎和改造旧引擎。在这个过程中，非常重要的是实现产业升级，以创新驱动引领新常态。以创新驱动引领新常态需要技术创新与金融创新"双轮驱动"，创新与创业一体运行，市场之手和政府之手"双手"推进，创造新引擎和改造旧引擎并重。当前中国的改革正在引领新一轮的创业创新浪潮，这将是中国经济重要的发展机遇。

新一轮创业浪潮有四大动力：一是简政放权和商事制度改革降低创业门槛与成本，推动新的市场主体井喷式增长；二是新一代互联网技术发展带动产品服务、商业模式与管理机制的创新；三是中关村、张江、东湖等高新区与科技园区作为集聚人才、技术、资金等创新要素的重要载体，引领新一轮聚合创业浪潮；四是当前出现的并购热刺激"职业创业人"崛起。

新一轮创业浪潮有四大主体：一是金融危机催发"海归"潮推动创业；二是精英离职引发创业浪潮，现在不仅有官员"下海"，也有大量的科技人员"下海"，有很多人离开大型的互联网公司，成立新的公司，形成一种"裂变"；三是返乡农民工掀起新的草根创业浪潮；四是大学生创业潮。这些都将有利于实现创新驱动经济发展。

"新常态"，意味着历史奇迹趋于平淡，还是预示着时代辉煌的新篇？进入新常态的中国经济巨轮，将驶向怎样的彼岸？认识新常态，适应新常态，引领新常态——转型发展中的中国经济正以全新的探索与实践迈向新的征程，书写新的时代画卷。

中国经济未来的发展动力

中国改革开放 30 多年的历程，是一个不断打破制度约束，解放、活跃生产力，以制度红利替代政策红利的过程，中国未来发展的潜力和动力依然来自改革创新。创新是经济持续增长源源不断的新动力，因此需要加大改革创新力度，蓄积未来能量。

一、将创新推向另一个高度

有人认为中国目前的经济现状和创新能力已经达到了一定的高度，但是如果仍旧按照过去的创新方法和思路来发展的话，可能会走不下去。现在值得思考的是下一步应该如何创新的问题。

其实，无论是什么企业，实现创新的总是人，是人的智慧形成了创新，因此解决创新问题就要解决人的问题。一个组织、一个团体，要保持其创新力的持续性，就要保证组成人员的多元化。如果一个企业的员工都来自于同一个地域，就很难实现创新，而如果在地域、学历、年龄分布上都存在差异，企业家也愿意在人力的多元化方向上多加努力，那么，实现创新就是一件自然而然的事了。在中国，地域多元化是最需要考虑的问题。

经济转型和发展离不开包括创新制度在内的各种各样制度的支撑。创新制度的重点应该体现在包容力方面。创新需要一种尝试的态度，但尝试并不意味着一定要成功。所以，对于企业家来说，必须要大胆地让员工去尝试，在这种情况下实现创新目标的可能性就很大，这就是所谓的包容力。

二、推动新商业文明建设

创新本身包含很多内容，从经济发展来说，实现创新需要塑造一种更好的商业文明。企业家身处在特定的环境当中，政治、经济、社会、法律、文化都会影响到他们在企业发展运作中的一些策略以及他们所采取的方式。在这些要素当中，塑造商业文明的关键力量是政府机构和相关的行业机构，它们的重要作用就是提供一个公平交易的平台。

构成商业文明的一个重要因素是商业交换，商业交换体现了一种公平的竞争，而公平竞争的重要基础则来自于理性的交换，这就要求政府及一些行业机构在营造商业文明方面发挥其重要作用。

除了政府机构和行业机构，企业家本人也是商业文明建设的重要因素。中国存在三类企业家：第一类是当初经营企业的动机非常简单，就是想摆脱贫困而已；第二类是有理想有抱负，只是没有好的机会获得发展，所以他们一直在思考将来如果有机会该怎么做，因此，改革开放以后，他们的想法就可能被释放出来，转化为现实；第三类就是受到传统体制限制，没有发挥个人创造性的企业家。这三类人构成了中国企业家的主流。不可否认，每一位企业家创业的开始，都有这样或那样的动机，这个动机使他们在追求致富的过程当中未必会按照一个很高的标准来做。但是，当企业到了一定程度的时候，企业家精神就显得至关重要了。企业家精神的核心就是企业的产品和服务能够成就其先前设定的目标，能够满足商业社区当中客户的诉求，让其生活更加便利，甚至当达到目标之后，再设定更高的目标。简单地说，挑战自我，满足他人，就是一个企业家精神的核心。

推动新商业文明建设需要各方共同努力完成，不仅包括政府部门和行业监管机构，还需要企业家精神、企业家本人以及身在商业环境中的每一个人。这些因素结合起来共建一个生态系统，才算得上新商业文明建设。

总之，新常态下，中国经济增长动能开始新转换。对于产业和企业家来说，现实竞争的过程本身就迫使他们必须坚持创新。因为没有创新就不可能有发展，尤其是到了现在这个时代，由于形势所迫，企业家也要寻找新的创新路线。加大改革创新力度，具备包容心，建设新商业文明，为中国经济未来蓄积发展动力。

区域协同发展带来的发展机遇

李克强总理在 2015 年的《政府工作报告》中阐述"走出去"战略和区域发展战略时提出，要加快实施"走出去"战略，拓展区域发展新空间，统筹实施"四大板块"和"三个支撑带"战略组合。

"四大板块"是指要大力建设西部地区、东北地区、东部地区和中部地区；"三大支撑带"是指"一带一路"、京津冀协同发展，建设长江经济带。业内人士认为，"一带一路"战略为中国企业"走出去"提供了新机遇，很多国家和地区已将高铁作为交通运输领域发展重点，未来交通运输设备将成为重要增长点。同时，区域发展新空间的拓展将促使交通基建行业先行。

一、金融支持企业"走出去"

《政府工作报告》提出，加快实施"走出去"战略。鼓励企业参与境外基础设施建设和产能合作，推动铁路、电力、通信、工程机械以及汽车、飞机、电子等中国装备走向世界，促进冶金、建材等产业对外投资。

当前铁路装备"走出去"面临机遇。从外部需求看，国际市场保持稳定增长。"一带一路"战略为中国铁路装备出口提供了助力，中国企业凭借综合比较优势获得较多订单。2014 年中国南车和中国北车集团新签的海外合同总金额超过 60 亿美元，同比增长 60%以上。

金融支持是中国企业"走出去"的重要保障。《政府工作报告》提出，扩大出口信用保险规模，对大型成套设备出口融资应保尽保。拓宽外汇储备运用渠道，健全金融、信息、法律、领事保护服务。注重风险防范，提高海外权益保障能力。让中国企业走得出、走得稳，在国际竞争中强筋健骨、发展壮大。

商务部将按照世界贸易组织规则，让产业优势和金融优势有机结合起来，形成新的优势。例如，按照市场原则拓宽外汇储备使用渠道，支持企业在境内外通过发行股票或债券募集资金，发挥政策性金融工具的作用，为铁路等装备"走出去"提供合理的融资便利。

业内人士表示，提高出口信用保险承保规模对稳定出口具有一定作用。从全球出口信用保险承保规模水平看，目前我国出口信用保险承保规模存在较大提高空间。统计显示，全球贸易额的12%~15%是在出口信用保险支持下实现的。按发展中国家平均水平计算，我国出口信用保险承保规模应达4700亿美元，但实际情况与此相去甚远。有关部门应提高对以大型成套设备为代表的产品的出口信用保险承保规模，有针对性地解决重点行业和中小企业的实际困难。

二、区域发展交通基建先行

《政府工作报告》指出，把"一带一路"建设与区域开发开放结合起来，加强新亚欧大陆桥、陆海口岸支点建设，推进京津冀协同发展，推进长江经济带建设，加强中西部重点开发区建设，深化泛珠区域合作。

中国借助"三个支撑带"战略，通过基础设施建设、陆海口岸支点，构筑综合立体大通道等推动区域之间的互动发展。京津冀的交通生态和环境治理以及产业整合会有实质性进展，"一带一路"的基础设施投资不应局限在西部地区，中部和东部地区也会有一些。

传统行业或者转型或者淘汰

移动互联时代的颠覆无处不在，大批传统产业巨头陆续倒下，企业竞争环境变得更加复杂和不可预测。移动互联网时代是以用户为王、体验为王、速度为王、平台为王的一个全新时代。随着移动互联网时代的到来，传统行业或者转型或者淘汰！

那么在移动互联时代，传统企业该如何实现成功转型呢？可以采取以下四大基本策略。

一、思维的转变

工业与信息化部统计数据显示，截至 2014 年 6 月底，4G 用户接近 1400 万户，3G 用户数达到 4.8 亿户，占移动电话总数的 38.5%。随着移动终端设备爆发式的增长和普及，2014 年，移动互联网时代正式来临。

在这个转折时期，面对更加不确定的竞争环境，企业首先要做的是关注前沿资讯和行业发展趋势，真正接受移动信息化这一趋势，为转型打下坚实基础。

二、提升管理水平

建立标准化、规范化、流程化的企业管理体系，同时深入分析各业务运行逻辑，结合标杆企业实践逐层分解，将每个业务领域内的子流程重新归纳整理，运用流程清单统一展现，形成一套完整的以流程为主线的业务框架。让以职能主导的"控制思维"转向以流程主导的"客户思维"，更快响应客户需求，更好为客户创造价值。

三、跨界并购，多元化发展

传统企业跨境并购互联网企业，原因通常可能有两点：一是关注现金流。优秀的手机游戏公司，往往会有非常客观的现金流，很多传统企业在整体经济大形势的影响下，业绩下降的趋势非常明显。通过并购互联网企业，可以改善其业绩收入。二是产业升级，调整业务方向。传统企业希望通过向某个互联网细分领域并购布局，逐渐将该领域塑造为新的产业发展重点。这两种原因在传统企业并购中，很可能交织存在，但也可能会互有侧重。

较大型的传统行业跨界并购，大多数是发生在上市的民营企业中。这些传统行业的上市公司盈利能力比较弱，已经遇到了规模天花板，且在上市前已大量透支了业绩。这种窘境倒逼着上市公司通过跨界并购、产业升级来维持业绩高增长，缓解资本市场的压力。但是，对于企业的长远发展来说，跨界并购更需要认真的选择与考量。

四、快速部署企业移动信息化系统

2014年，移动互联网全面爆发，随时随地工作已成为今天衡量工作效率的新标准，合作伙伴、客户和同事之间都渴望能享受到即时响应和个性化的服务。这意味着，我们要利用几乎任意设备来沟通，来协同工作，实现无缝、实时的协作体验。

移动互联网时代的到来，对公司整体效率及可能造就的公司竞争力均会产生影响。企业需制订与时俱进、紧贴战略的信息化规划，以一种更加灵活、易于管理、符合关键业务需求与目标的全新管理模式来实现。打造新时代的工作模式，企业建立专属自己的移动信息化系统成为当务之急，具体包括：业务定制 APP、移动 OA、移动 CRM、移动 BI、移动 HR、移动 ISP、移动 EAM 等企业移动管理软件，提高工作便利性及效能，实现随时随地高效工作，打造全新的工作模式。

事实上，传统行业与互联网行业，不仅是两个行业的问题，更是两个思维方式、两种价值和文化的问题。而价值观、思维方式、文化传统是最难以转变的，因此观念的转变是第一位的。

继续宽松的财政和货币政策

在当前中国经济大秩序中，财政和货币政策是重要的一环。为了适应经济发展新常态，国家继续实施宽松的财政和货币政策。

2014 年 12 月 9~11 日在北京举行的中央经济工作会议提出，保持宏观政策连续性和稳定性，继续实施积极的财政政策和稳健的货币政策。积极的财政政策要有力度，货币政策要更加注重松紧适度。而在 12 月 5 日的中央政治局工作会议上关于财政政策和货币政策的表述则是"保持宏观政策连续性和稳定性，继续实施积极的财政政策和稳健的货币政策"。两者相比，中央经济工作会议的表述多出了"积极的财政政策要有力度，货币政策要更加注重松紧适度"这句话。这既是对财政政策和货币政策的进一步阐述，也是 2015 年两个政策的操作要点。如果说积极的财政政策和稳健的货币政策是对两个政策的质的规定，那么多出的这句话则更像是对两个政策的量的要求。

一、"积极的财政政策要有力度"

这句话意味着财政政策不但要积极，还有起到稳增长的效果。在过去一年多的时间里，管理层强调"微刺激"，刺激的效果倒是有一些，但是呈现出边际递减的倾向。二季度 GDP 同比增长率在上扬 0.1 个百分点后，在三季度下降了 0.2 个百分点跌至 7.3%。从 10 月、11 月发布的经济数据看，经济指标依然疲软，四季度的 GDP 同比增长率还是下行。

按照中央经济工作会议的精神，稳增长是 2015 年的第一任务。在外需不强，内需不旺，房地产投资减速，传统产业产能过剩的背景下，稳增长还需要政府投资。有力度的财政政策可能意味着 2015 年政府在基建项目投资上会进一步加大力度。这从政府主推的 PPP 模式可以看出端倪。政府试图在不增加债务或尽量少增加债务的条件下增加投资，稳定经济增长速度。2015 年的基建投资力度更大，基建投资可能为 1.5 万亿~2 万亿元。

二、"货币政策要更加注重松紧适度"

这句话意味着在整体上既不一味宽松，也不一味收紧。有松就有紧，"紧"表现在资金管控上，表现在对个别行业资金紧缩上。没有资金流向的管控，松货币可能会失去意义。金融服务于实体的性质，决定了资金必须流向实体经济，并且流向经济结构调整的方向。一松一紧，货币政策的效果才能充分显现。

"大众创业、万众创新"打造经济新引擎

李克强总理在 2015 年《政府工作报告》中指出，打造大众创业、万众创新和增加公共产品、公共服务成为推动中国经济发展调速不减势、量增质更优，实现中国经济提质增效升级"双引擎"。显示出政府对创业和创新的重视，以及创业和创新对中国经济的重要意义。

一、政府要勇于自我革命，以体制创新推动科技创新

从政府层面来说，要推动"大众创业、万众创新"，首先要做的就是加快改革步伐，简政放权，给市场主体创业创新留出空间，搭好舞台。通过政府

放权让利的"减法"来调动社会创新，创造热情的"乘法"。

按照"法无授权不可为"、"法无禁止皆可为"、"法定职责必须为"的原则，拿出"权力清单"，讲清政府应该干什么；给出"负面清单"，指明企业不能做什么；理出"责任清单"，维护公平竞争的市场环境，当好市场秩序的"裁判员"和改革创新的"守护神"。

二、企业是技术创新的主体，推动企业竞相创业创新

我国有 13 亿多人口，9 亿劳动力，7000 万企业和个体工商户，蕴藏着无穷的创造力。要大力鼓励"草根"创业创新，鼓励支持利用闲置厂房等多种场所、孵化基地等多种平台、风险投资等多种融资渠道开展创业创新，努力形成小企业"铺天盖地"，大型企业"顶天立地"的格局。企业主体要发挥敢于创新、敢于突破、敢于担当的精神，将市场竞争提高到新的高度、新的层次。

未来中国经济将继续保持7%以上的增速，改革创新将成为驱动中国经济发展的力量，要使创新真正发挥驱动力，应重视培育企业家精神，扶持中型企业。

三、创新创造关键在人，充分激发人的创造力

人是创业创新的关键因素，创业创新关键要发挥千千万万中国人的智慧，把"人"的积极性更加充分地调动起来。必须充分尊重人才、保障人才权益、最大程度激发人的创造活力，吸引和激励更多人投身创业创新，让人们在创业创新中不仅创造出物质财富，而且也实现精神追求和人生价值。

创新创业关键在人。要加快科技成果使用处置和收益管理改革，扩大股权和分红激励政策实施范围，完善科技成果转化、职务发明法律制度，使创新人才分享成果收益。制定促进科研人员流动的政策，改革科技评价、职称评定和国家奖励制度，推进科研院所分类改革。引进国外高质量人才和智力。

深入实施知识产权战略行动计划，坚决打击侵权行为，切实保护发明创造，让创新之树枝繁叶茂。

四、培养创新文化，优化资源配置

要营造鼓励大胆探索、包容失败的宽松氛围，使创业创新成为全社会共同的价值追求。要增强大众创业、万众创新的意识和能力，鼓励人们讲道德、重诚信、循法治、守契约，使创业创新成为人们普遍的生活方式，成为社会纵向流动的强大动力。

着力促进创业就业。坚持就业优先，以创业带动就业。2014 年高校毕业生 749 万人，为历史最高。要加强就业指导和创业教育，落实高校毕业生就业促进计划，鼓励大学生到基层就业。实施好大学生创业引领计划，支持到新兴产业创业。把亿万人民的聪明才智调动起来，就一定能够迎来万众创新的浪潮。

总之，"大众创业、万众创新"不只是一句口号，而是要通过一系列政策制度安排，实实在在地释放出新一轮的改革红利，在更广范围内激发和调动亿万群众的创新创业积极性，让创新创业从"小众"走向"大众"，让创新创业的理念深入民心，在全社会形成大众创新创业的新浪潮，打造经济发展和社会进步的新引擎。

全领域改革攻坚，新红利如何释放

国务院于 2015 年 5 月批转国家发展和改革委《关于 2015 年深化经济体制改革重点工作的意见》，中国政府网 18 日发布了意见全文。这份 1 万多字的文件明确了 2015 年要进行的 8 个方面的 39 类改革，涉及一批激活市场、释放活力、有利于稳增长保就业增效益的新举措。

改革必然意味着多元、多样、多变的利益调整格局。改革的"含金量"，最终要保证经济社会的健康发展，要体现为国家强盛、社会和谐、人民富足。这个文件以改革"含金量"释放新红利，激活新动力。

一、改革之"金"于政府维度

政府维度的重点在于"简政放权，服务为民"。2014年，中央政府取消和下放396项行政审批等事项；修订并大幅缩减投资项目核准范围，取消和下放38项核准事项；放开50项商品和服务价格……正如李克强总理强调的，"大道至简，有权不可任性"，要防止改革红利被截留蚕食、对冲消减，要坚持"用政府权力的'减法'，换取市场活力的'乘法'"。

二、改革之"金"于社会维度

社会维度的重点在于实现社会公平公正。一年来，缩小城乡差别的户籍制度改革蹄疾步稳，社会方面的改革就如何更强有力地"托底"也有了新进展，社保改革、养老金并轨、机关事业单位工资改革等均有条不紊地推进。

三、改革之"金"于民生维度

要让人民安居乐业，同时留得住绿水青山。呵护碧水蓝天、守住生态红线是人民群众期待的改革红利。从全国"两会"上传来的信息显示，除了正在实施的"有牙齿"的新环保法，目前正在对大气污染防治法进行修改，一系列相关的法律都要"动大手术"。

改革的"含金量"是否充足，需要人民来评判。就利益而言，要让不同阶层、不同群体更好地分享中国30多年来高速增长的果实，在更可观和公平的收入、更便利的交通设施、更卫生清洁的饮食、更值得信赖的治安等方面都有所进步。

让人民过上有尊严的生活，在利益层面之外，也需要人民权力的满足，真正把人民的权力落到实处。比如在这个领域最新的进展是，中央深改组第十次会议审议通过了《深化人民监督员制度改革方案》等规章制度。其目的正是让人民有更多机会参与对公共部门、社会部门等运作过程的了解与监督。

改革成果更多更公平地惠及于民，无疑将进一步凝聚和释放出支持改革、参与改革、推动改革的磅礴力量。"突出重点，对准焦距，找准穴位，击中要害，推出一批能叫得响、立得住、群众认可的硬招实招"，已成为改革新的"动员令"，让改革不断释放新红利，激活新动力，当可期待。

第八章 管理大秩序探究企业生命

管理有序是企业的生命，科学有序的企业管理是商业元概念，而非大而化之的愿景。由于中小企业的管理秩序常常被忽视，因此要重建管理大秩序，诸如老板的角色定位和经营定位，提升管控力、打造企业目标管理新秩序，正确的管理内容和有序的管理程序，管理原则下的管理规则的制定和实施，以及通过创新管理成就秩序效率等。

被中小企业忽视的管理秩序有哪些

"船小好调头"被多数管理者和学者公认为是中小企业最大的竞争优势。一方面，中小企业市场反应更快，也更善于把握机遇。另一方面，中小企业基础更为薄弱，抗风险能力相对较低。这些风险既有来自外部市场的，也有来自企业内部管理的。而这些风险往往给企业带来巨大的创伤，甚至是毁灭性的破坏。目前，我国中小企业被忽视的管理秩序表现在两个方面：一是"拍脑袋式"的管理占据主要地位，缺乏规范化、标准化的管理制度和执行；二是责、权、利不清晰，这是管理上存在的最大缺陷。

一、忽视管理制度和疏于执行

企业管理制度是企业员工须共同遵守的规定和准则的总称，并在执行过程中不断给予完善和创新，提升企业的运转效能。规范化、标准化的企业管理制度，可让企业各部门获得横向的协调并实现互相监控，并且为企业提供了抵御风险的系统保障。而在中小企业内部，更多的是应用关系管理，即人管人，而非制度管人，管理中人为因素较多。这也许是中小企业灵活管理的一个特色，然而这种缺乏原则与评判标准的灵活，牵绊了中小企业持续、长远的发展，也为中小企业埋下两个隐患，如表8-1所示。

表8-1　现行中小企业管理给企业埋下的隐患

挤压执行操作空间	失去原则性的"拍脑袋式"管理，给执行者留下较大的操作空间；缺少一体化的制度设计，执行者也缺少一个可依据的标准，不确定性也较多，在执行者有意或者无意中，容易让执行结果偏离企业目标，给企业带来损失。举例来说，为了能够快速应对市场需求，业务部门相对拥有较大的权利。而业务部门在面对订单时，往往以业绩考虑，而忽略了企业的实际利润。不经过采购部门、生产部门、财务部门审单，以低价争夺订单。常常造成企业要么订单亏损，要么质量上打折扣，使企业陷入信誉危机，长远发展没有保障
失去绩效考核标准	最重要的考核标准来自于上司对员工的个人评价。由于失去绩效考核标准，这样的后果一是不准确，上司无法判断员工的方方面面；二是不公平，绩效考核可能加入感情因素，不能完全按照业绩考核，优秀员工因为得不到公平的对待而离开，使得企业发生"劣币"驱逐"良币"的事件

二、忽视责、权、利的界定和划分

责、权、利不清的现象存在于我国很多的企业中，在中小企业尤甚。中小企业大部分沿袭"家族式"的管理模式，是典型"两权合一"的表现模式，掌握实权的基本上是家族中的成员，这些中小企业没有科学的管理机制，公司治理结构不合理。

中小企业为了压缩成本，常常一个人身兼数职，或者一个工作多人负责。前者容易造成灰色地带，为企业带来隐患，譬如，生产主管兼管采购，使采购成本上升。后者则影响企业效率，每个人都能负责，而每个人都不愿意负责，产生责任推诿。

上述这些问题产生的根源在于，中小企业将生存作为第一目的！基于这样的目的，中小企业管理往往首要考虑成本和灵活性。对关系企业长远发展的组织架构和规范、标准化的企业管理制度关注甚少，即便是有，常常也难以得到有效、强有力的执行。而这正是管理软件所擅长的，管理软件的原理，就是将管理思想和制度固化在系统，分清各个岗位的职责，建立标准化、规范化的流程和制度，防范经营风险。同时反馈各种事前、事中、事后的数据，有效提升企业的决策准确性与反应速度。

老板定位决定企业的秩序与效率

老板的定位会决定企业的秩序与效率，甚至影响企业运营的效益与结果。有一个刚刚起步的企业的老板们开了一个会，会议主持人是总经理，对象是各老板，探讨的主题是投资回报。结果老总一会儿谈投资回报，一会儿谈企业运营，一会儿又谈管理决策，结果会议混乱不堪，大家都不满意，没有达到会议的目的和大家的心理预期。这混乱的根源在于老板角色的定位和经营定位不准确。

一、角色定位

一般的中国中小企业都是混乱的，而很多老板都找不到根源。即一会儿人性化管理、一会儿人治化管理、一会儿科学管理、一会儿混合管理，没有一个相对固定的管理理念基础，还有一个重要的原因，就是老板自身的定位有问题，由于自身不能时空转换导致自己的角色不明和随意性。

一个企业的治理与管理通常是这样的结果形式：股东会决定为什么要经

营企业、企业的定位、投入什么、回报什么，更多的是关心资金投入与结果产出；之后就交给董事会，他们针对股东的需求进行决策，决定什么该为以及该如何为，定出企业级战略与实施目标，并进行重大步骤规定，这就是决策；最后就是总经理如何实施的问题了，这就要求总经理制订出详细的步骤、实施方案及策略，展开实施，一切采用董事会的决策，达到股东的要求。

二、经营定位

很多小型企业的老板往往以总经理的身份出现，任何时候心里都同时装着股东和董事两个概念，装着并不可怕，但是在做总经理工作的时候，本应该重点谈经营，不应该去否定或者修改企业的战略决策，更不应该去修改或否定企业的投资回报，但恰恰很多老板就在这里进行随意变化，经营不顺意的时候，随时调整决策，决策不起作用的时候，随时调整投资回报，简直是一把手操到底、一支笔改到底，所以就导致经营混乱。这才是很多老板没有意识到的企业经营之混乱。

实际上，再小的企业都应该有股东会和董事会，哪怕是夫妻店的企业都应该有这些完善的治理结构。那么，首先应该召开股东会，谈深谈透企业究竟要做什么、有多少钱、投多少固定资产、固定费用与流动费用是多少，希望获得什么回报，把这些固化下来，之后就交给董事会。小企业的董事会往往与股东会是重叠的，这不要紧，可以分开来开会，分别讨论议题，只要股东会有了决议，就完全按照决议召开董事会，这时候就只能研究如何实现股东会的要求与回报，制订企业的发展规划与战略，而不是去修改和否定股东会的决策与精神，这样就不会乱了。再接下来，就交给经营班子，尽管班子的老大还是老板自己，但只要把身份变过来，认清楚自己该谈什么、该干什么、不该谈什么、不该干什么，只研究企业如何运营，如何围绕战略与规划去制订实施步骤与方案，最后出来的结果是要对董事会负责的。即使董事长与总经理是一个人，作为总经理也要想如何对董事会负责，这样问题就彻底解决了。

这就是角色的随时转换，本来在大企业不应该存在或者很少存在的事情，在中小企业特别是小型企业就很容易出现。所以，小企业的老板一定要知道自己某一个时刻是谁，要十分清楚自己的定位将决定企业的秩序，影响企业的效益与效果。

管控力打造企业目标管理新秩序

管控力，是对企业目标实现的整个过程实施强有力的管理和控制。这要基于企业目标，建立一套高效简洁的企业自运营系统，使管理者能够脉络清晰地控制并确保目标的设立与分解。

一、目标的设立与分解

企业总目标的制定，是目标管理的中心内容。总目标体现了企业在一定时期内各项工作的努力方向和管理目的。企业目标分解是制定企业目标体系的第二步。它是把企业的总目标分解成各部门的分目标和个人目标，形成企业目标管理的目标体系。

表8-2　企业目标的具体要求

目标要明确	应尽量使目标定量化，确保目标考核的可行性和准确性
目标要系统	企业总目标要系统展开，直到可操作的层次，落实到具体工作岗位
目标要平衡	要兼顾短期目标与长期目标的平衡，要兼顾各方利益，使生产、销售、投资、税收、质量、工资及福利等各种目标平衡，还要注意组织内部相关各系统的目标平衡
目标要协商	上级主管根据情况初步拟定本组织目标以后，要和下属充分协商，在仔细征求意见的基础上拟定出先进合理、协调一致的分解目标

二、目标的实施与控制

目标的实施与控制是企业实行目标管理的核心内容，是组织或个人完成目标的阶段。

表 8-3　目标的实施与控制

工作环境	为目标的实现创造良好的工作环境，保证企业在目标责任明确的前提下形成团结互助的工作氛围
员工自控	充分发挥员工自我控制的能力，同时将领导的充分信任与完善的自检制度相结合，保证企业具有进行自我控制调整的积极性和制度保障
信息反馈	保证信息及反馈渠道畅通，以便及时发现问题，采取措施，必要时适当修正目标

三、目标的评定与考核

表 8-4　目标的评定与考核一般采取的办法

坚持标准，严格考核	采用科学方法，上下结合，使考核结果有说服力。考核评定目标实施结果，是承认、区别部门和个人绩效、贡献的过程，对于调动员工积极性和改进管理工作有极其重要的意义，因而要严肃、认真地进行
实事求是，重在总结	考核、评定工作，不仅是肯定成绩、区分功过，更是分析总结，改进工作。在考核评定过程中，要认真分析主观原因和客观原因，总结经验教训，为下一轮目标管理创造有利条件
奖惩结合，鼓励为主	奖惩分明，才能鼓励先进，鞭策后进，因此考核评定必须伴随奖惩。但目标管理的指导思想是人们愿意承担责任和有所成就，倡导自我控制、自我评价、自我鞭策，因而坚持对先进给予肯定表扬，对后进重在帮助分析原因，制定改进措施，而不是重惩

经营的核心是确保企业经营目标的实现。企业设定目标并不难，最难的是企业能否长期稳定地实现其战略目标。运用管控力打造企业目标管理新秩序，保证企业永续发展，这是每一个企业管理者必须面对的根本问题。

管理内容要正确，管理程序要有秩序

一个具备了系统能力的企业才有希望打造核心能力。系统能力就是企业实现管理内容协同作用的能力，包括计划管理、流程管理、组织管理、战略管理和文化管理。

一、计划管理实现资源与目标匹配

计划管理在管理理论中也被确认为目标管理，目标管理的实现需要三个条件，一是高层强有力的支持，二是目标要能够检验，三是目标要清晰。

资源是计划管理的对象。计划管理事实上是管理资源，而不是管理目标。很多人对于计划管理的理解是与目标联系在一起的，也通常会认为目标是计划管理的对象，其实计划管理的对象是资源，资源是目标实现的条件。如果我们要超越变化让计划得以实现，唯一的办法是获得资源。目标与资源两者匹配的关系是计划管理的结果，也是衡量计划管理好坏的标准。当所拥有的资源能够支撑目标的时候，计划管理才能得以实现。当资源无法支撑目标或者大过目标的时候，要么浪费资源，要么做白日梦。

二、流程管理解决人与事匹配

如果简单描述流程管理，其实就是人人有事做，事事有人做。可以简单归纳为以下三项：

表8-5　流程管理概述

打破职能习惯	职能导向侧重于对职能的管理和控制，部门之间的职能行为往往缺少完整有机的联系。时间这一最重要的工作标准一般是由部门主管临时确定的，这大大加重了主管领导的工作量；也因为标准不确定，导致整体工作效率大幅降低

续表

培养系统思维	流程导向侧重的是目标和时间,即以顾客、市场需求为导向,将企业的行为视为一个总流程上的流程集合,对这个集合进行管理和控制,强调全过程的协调及目标化。每一项工作都是流程的一部分,是一个流程的节点,它的完成必须满足整个流程的时间要求,时间是整个流程中最重要的标准之一。因此在流程的前提下,时间作为基本坐标决定了我们需要系统地思考问题
形成绩效导向的企业文化	人人都面对一个市场,激励各成员共同追求流程的绩效、重视顾客需求的价值是海尔实施流程管理的一种灌输方式。这个方式是形成以绩效为导向的企业文化和流程管理的保障,激励每个员工参与流程再造。要完成这个艰巨的管理方式的改变,没有这样的文化氛围,流程管理只能流于形式,这也是中国很多企业引入流程再造后不能够取得成功的根本原因

三、组织管理回答权力与责任匹配

让权力与责任处于平衡状态是组织管理要解决的问题,这需要两个条件:专业化与分权。专业化能够解决很多东西,包括服务的意识、分享的可能,更重要的是专业化解决人们对于权力的崇拜。如果说我们还需要保留职能的话,那么解决职能所带来的负面影响的有效途径就是专业化水平。一切以专业为标准,尊重的是标准和科学,人们就不再依靠权力和职位来传递信息和指令。

有的企业虽有分权手册,也有分权制度,但是实施起来常常变样,很多高层经理人喜欢把分权看作调整人事的武器或者一种政策资源。分权的根本标志是,一旦权力做了分配,分配者不再拥有这个权力,当权力可以调整的时候一定是授权而不是分权,很多人喜欢混淆分权与授权的界限。

四、战略管理解决企业核心能力

核心竞争力的建立和培育对于确立企业的市场领导地位和竞争实力极为重要。为此,企业必须站在战略的高度上从长计议。企业自己需要审察经营的业务、所拥有的资源和能力,观察市场需求和技术演变的发展趋势,通过运用企业的创新精神和创新能力,独具慧眼地识别本企业核心竞争力的发展方向,并界定构成企业核心竞争力的技术,这就是战略管理需要回答的问题。

简单讲，战略管理就是为得到核心竞争力所做的独特的管理努力。它包括：有利于学习和创新的组织管理机制；创造充满活力的创新激励机制；以市场为导向、以顾客价值追求为中心的企业文化氛围；依赖既开放又相互信任的合作环境。

基于这些，企业核心竞争力同样是一种以企业资源为基础的能力优势，而且是异质性战略资源，如技术、品牌、企业文化、人力资源管理、信息系统、管理模式等。只有在这些方面进行强化突出，建立互补性知识与技能体系，才能使企业获得持续的差异性竞争优势。

五、文化管理解决企业持续经营问题

拥有什么样的价值标准，是企业是否可以持续的根本因素，回答这一问题正是企业文化所承担的责任。企业文化既是企业的核心灵魂，也是企业的本质特征，是在企业家推崇和执行的管理方式下产生的团队绩效。

管理方式对企业文化的推动有这样的依次发展过程：人事制度、人的管理、企业管理方式、核心价值观、企业文化。从企业文化的发展进程来看，中国企业在过去近30年里已经逐步形成和提炼了具有创新导向的企业文化。随着市场竞争及国际化竞争的日益激烈，中国企业正在推动着自己的企业文化向愿景导向的竞争性文化转型。

需要注意的是，上述五项能力之间是递增的关系，要求企业依次实现这些管理内容，这个顺序不能颠倒，也不能打乱，也不能只管理好一个内容而忽略其他。计划、流程和组织管理统称为基础管理，这是企业生存的关键，战略、文化管理则是更高层面的管理，不要把战略管理和文化管理放在企业管理的基础上来做，这样只会适得其反。

管理需要规则但更需要原则

缺乏规则的企业组织肯定是一个混乱的组织，而对于制订规则时必须依据什么原则大家并不清楚，甚至好多人连规则和原则的区别都弄不清。事实上，每一个规则都是根据某些原则而来的。而原则是根据管理理论粹炼出来的，它是制定规则的基本依据。没有原则，制定出来的规则就只能是"拍脑袋"下的产物；没有合乎原则的规则，社会就处于黑暗和迷茫，组织就会混乱不堪。

一、了解每个规则后面的原则

在管理实践中，原则是靠管理者去掌握和维护的，而规则却是下属们必须遵守的。企业必须先确立一些必须秉持的原则后，才能去谈规则。没有原则的规则最多只是一种"拍脑袋"的文字堆砌，毫无逻辑和价值可言，执行就根本不用去想了。

在任何一个组织里，层次越高的干部，越要了解每个规则后面的原则；反之，对于基层的员工，公司常常只是要他们遵守规则，至于规则后面的原则，就避而不谈了。此外，越是以创新或服务导向的公司，越要重视原则，而不能谨守规则。

二、规则必须符合原则

规则必须符合原则，管理才会有效。例如，许多公司为了提升管理效率，降低营运成本，会要求采购人员定时降低采购成本。在这里，定时降低采购成本就是一个规则，后面的原则是提升管理效率。但是，如果降低采购成本却造成采购质量不佳，导致产品售后服务成本提升，那么这个规则就违背了后面的原则。管理者就应该从提升管理效率这个原则去认真检讨定时降低采购成本这个规则要如何修正。

三、规则更新的必要性

任何规则都必须定期修正、检讨和更新。在修正规则时，公司要先清楚地知道自己有哪些原则必须坚持，然后在这些原则的指导下修正现有规则。许多管理者明知有些规则已经不合时宜，却抱着多一事不如少一事的心态，只愿意照着规则办事，不知道在原则的指导下突破规则。管理者应该清楚地知道公司要坚持的重要原则，如获利、诚信、创新等。

在追随任何一个规则时，都要思考这些规则是否违背了公司所要的原则。有些公司为了避免不及时修订规则的现象，在每一个制度最后都注明废止时间，届时就可以名正言顺地检讨修正这个规则。

综上所述，原则是比较形而上的基本精神，规则则是实际执行面的行为准则；原则是不轻易变动的，而规则就可能随时空调整。我们常说的核心价值其实就是公司要坚守的原则。好的管理者要持续地检讨公司各个规则办法是否已经不符合公司要坚持的原则，公司的管理制度才能突破僵固的陷阱。管理需要规则但更需要原则。没有规则的管理可能带来一定的混乱，但是，没有原则的管理带来的可能是灾难！

创新管理，成就秩序效率

领导能带来变革生机，管理能成就秩序效率；但领导自身永远不能使一项活动年复一年地按时、按预算保持运转，而管理本身也永远不可能创造出重大的有用变革。只有有力的管理和有力的领导联合起来，才能带来满意的效果，形成企业强有力的生存、发展能力。尤其是在变化日益纷繁复杂，效率越来越能决定竞争成败的现代环境条件下，更需要强有力的领导与强有力的管理共同作用。

一、创新管理的一般规律

创新就是"新的组合的创造"，"新"本身就意味着没有经验可循，但亦非完全盲人摸象，经验表明，创新同世间所有存在一样，也是存在着一些规律的。

表 8-6　创新的规律

创新来源于对创新机会的感觉与分析	美国管理学家彼德·德鲁克的《创业精神与创新——变革时代的管理原则与实战》一书归纳了七种创新的来源：意想不到的成功或失败；实际情况与人们主观设想之间极不协调；过程中的需要；行业与市场结构的变化；人口变动；观念转变；新知识的发现
创新需要依靠推理，更要依靠想象力	爱因斯坦曾经说过："想象力比知识更重要，因为知识是有限的，而想象力概括着世界上的一切，推动着进步，并且是知识进化的源泉。"创新需要灵感，而创造性灵感像一堆余烬，必须不断扇风才能使它发光
创新要从小处起步，要简易而且重点突出	英国人罗兰·希尔发明邮票，最初是依照征税时用的印花，把一种类似的印花贴在信封上，将后付邮资改为预付邮资。就是这么一项简单的发明（新的组合的创造），其作用却不可限量，因为它奠定了现代邮政的基础。又如，日本很多大公司奉行一种共同的习惯：用简洁而紧凑的一句话来描述预想的经营战略。在他们看来，任何想开创一种新经营业务的企业，如果不能用透彻的语言将所制定的战略表达出来，那么肯定是战略本身存在什么毛病
创新必须有强烈的愿望	一心想成为"领先者"，从不甘居人后，定能不断迸发出创造力的火花

二、如何实施创新管理

创新的管理就是将选择时机标准化，反应模式化。

表 8-7　如何实施创新管理

财务标准判别与模式化反应	资金流量增量时，宜强化管理导向；当增量明显减弱或停止时，则宜强化领导导向

续表

产品标准判断与模式化反应	导入期的产品，宜强化领导导向；发展期的产品，宜强化管理导向；成熟期的产品，宜进一步强化管理导向；衰退期产品，宜强化领导导向
市场标准判断与模式化反应	开拓期市场，宜强化领导导向；结构调整期的市场，宜强化管理导向；自由竞争性市场，宜强化领导导向；规范化市场，宜强化管理导向
组织标准判断与模式化反应	对素质高的部门或个人，宜强化领导导向；对素质低的部门或个人，宜强化管理导向；对开放环境的工作，宜强化领导导向；对封闭环境的工作，宜强化管理导向

标准化的权变组合，有机融汇管理与领导的优势，相容互补，形成公司领导与管理权变机制，无疑会极大地提升公司的管理与领导效力，促成公司能力提升。

总之，没有领导相结合的强有力的管理可能会导致官僚主义，令人感到压抑，为了秩序而维持秩序；没有管理结合的强有力的领导会变得以救世主自居，形成狂热崇拜，为了变革而变革，甚至变革是朝着完全不理智的方向发展。

第九章　中国市场大秩序完善对策

建设和完善市场秩序是当前全面深化改革的一个基本课题。中国市场大秩序完善对策具体包括：弄清市场秩序建设亟须重点关注的问题；消费市场日趋成熟并走向新常态；发展普惠金融，完善资本市场体系；劳动力市场的发展现状及完善对策；健全新常态下的房地产市场体系；等等。以此实现国家社会经济生活的稳定、有序和效率。

市场秩序建设亟须重点关注的问题

从我国市场经济发展的现实环境来看，现阶段尤需关注大额民间借贷、市场主体退出、财务信息真实性、市场执法和司法局限、政府性或国有性负债、群体化市场交易平台六个问题，其中有的具有中国特色，有的则具有全球普遍性。

一、大额民间借贷治理的问题

近年来，我国大额民间借贷的规模和影响日益扩大，引发的社会、经济问题也日益突出，如表9-1所示。

表 9-1 我国大额民间借贷引发的问题

1	民间借贷超越监管，为金融秩序的规范化、法治化留下巨大的隐患
2	民间借贷难以查证，严重制约金融机构对借贷主体信用的全面评估
3	民间借贷的自立性、群体性、分散性，一旦发生信用偿付危机，给社会稳定带来巨大冲击
4	民间借贷欠缺管理和登记，对赌博、走私、贩毒、贪污受贿、洗钱等违法犯罪行为有滋长和纵容效应
5	大额民间借贷缺乏登记和管理，其收益无法征税，对税法执行形成挑战，并给市场主体逃法、避法形成纵容

二、市场主体退出机制建设的问题

市场主体退出机制建设是关涉诚信、培育理性融资、限制不负责任融资或借款的根本性保障。从我国市场环境来看，市场主体退出法制和相关保障机制的欠缺，对诚信、规范的市场秩序建设有明显的制约作用，如表 9-2 所示。

表 9-2 市场主体退出引发的问题

1	以银行为代表的金融机构等特殊类型企业的破产问题未纳入破产立法中，"大而不倒"的理念严重制约破产法的执行及相关法制的完善
2	法人股东、法定代表人及财务负责人的相关责任追究机制残缺，法人破产逃废个人债务的现象，滋长了个人不诚信与法人不诚信的交互感染
3	破产法广泛停留于纸面的现实问题，助长了法人和个人不诚信举债的泛化

三、财务信息失真治理的问题

现实经济环境中，会计制度及会计执法问题较为突出，无论上市公司还是非上市的大中型公司，其财务数据的可靠性普遍存在这样或那样的质疑，小企业的财务数据则更是如此。这些问题不仅是市场诚信的基本问题，也关涉市场主体交易的可预见性和安全性问题。财务数据失真在整个市场环境中的泛化，势必带来严重后果，如表 9-3 所示。

表 9-3　企业财务数据失真带来的严重后果

1	作为市场诚信交易根本性基础的财务数据充斥"假冒伪劣",加强了债权和物权体系的整体性诚信危机
2	妨碍市场主体对未来交易风险的合理预期和判断,助长市场环境中投资和交易的盲目性、投机性
3	对国家宏观调控政策(利率、汇率、税收等)的选择和定位带来重大不利影响,干扰了国家行业方面的重大调控政策
4	严重干扰税务法治的实现,加速偷税漏税现象泛化且难以有效治理,干扰了市场平等竞争的秩序
5	为各种管理、公职人员贪污受贿、挪用、腐败、寻租乃至各种经济犯罪行为创造了条件和便利

四、市场执法局限克服的问题

当前市场秩序中的诚信和规范问题与市场执法的局限有着紧密的联系,尤其以下问题值得关注,如表 9-4 所示。

表 9-4　市场执法局限引起的问题

1	市场执法重事前准入控制而轻事中事后监督,助长了市场主体准入后自律、诚信意识的普遍淡化
2	市场执法中疏于主动执法和预防性监督执法,滋长了市场主体以消灭问题为目标"不择手段"来化解执法的风气
3	不同执法机构之间职能的交叉、重叠甚至冲突较为明显,严重制约了市场执法的整体效果
4	执法透明度和公开性有欠缺,导致变通执法得以生存和蔓延,甚至使得一些挑战人的生命和环境基本安全的市场违法行为得以延续
5	各种法律文书的执行率普遍较低,这不仅成为直接威胁诚信体系建设的重要阻力,也是挑战市场法治的重要力量
6	执法中欠缺强制力保障,大大提升了当事人的侥幸、偷渡和变通化拖延、抗拒
7	执法人员寻租、贪污受贿现象普遍,对市场执法的严肃性、合法性带来严峻挑战

五、政府性或国有性法人负债管理的问题

政府性或国有性企事业法人单位以国家信用为背景,历史、传统、政府调控等因素促成的规模效应以及行业优势资源的相对集中积淀了其负债的限度和责任问题,主要表现如表 9-5 所示。

表 9-5　政府性或国有性法人负债的限度和责任问题

1	因其相对规模化、优势化的市场地位促成其负债成本相对较低,对市场主体在融资市场上公平、平等获取资源有一定不利影响
2	欠缺负债成本化、风险化管理的动力和压力,从而积淀了法人的"大企业病"
3	法人交易易于形成不合理的交易风险预期,助长相关市场主体不理性的风险
4	国有性和政府性企业对资金的巨大吸纳能力,为央行和其他监管职能部门理性调控经济发展带来不利影响

六、群体化市场交易平台治理的问题

当前对市场秩序影响最大的有电商平台和金融平台,两者所涉及的市场主体都极为广泛,但其信誉、信用往往给参与者参与交易带来重要影响。这两类交易平台对现实和未来的市场秩序有重大影响,主要表现如表 9-6 所示。

表 9-6　群体化交易平台对现实和未来市场秩序的重大影响

1	群体化的交易平台供应商地位相对优势化、垄断化,对市场平等、竞争、公正、公平、效率等基本市场准则构成挑战
2	群体化交易平台的非公开化、自我化,超越了传统的市场监管视野和约束,同时为各种非法甚至违法犯罪行为的发展留下空间和机会
3	交易群体利益连接、关联化,严重冲击传统一对一交易的合约法则,并直接对社会安全、稳定秩序带来严峻挑战
4	平台跨地域、跨时间、跨业务,使得此类市场呈现监管空白,政府监管主体在技术上难以适时跟进和尽职尽责

对于上述市场秩序存在的问题,需要多方面共同努力采取对策。主要包括四个方面:一是为了维护市场秩序,这需要政府干预,制定行之有效的市场制度和规则;二是健全市场管理组织,加强市场管理;三是加强社会信用建设,建立和健全社会信用体系;四是促进市场中介组织发挥其服务、沟通、公证、监督作用。

消费市场日趋成熟并走向新常态

改革开放以来，中国的消费市场持续快速发展，消费结构在不断升级，成为经济增长的最重要的动力。随着中国经济的持续、快速发展，以及"一带一路"等新战略的提出和实施，消费市场日趋成熟并走向新常态。

一、模仿式消费基本结束，个性化、多样化消费渐成主流

经济发展进入新常态以后，消费行为发生了显著变化，模仿式消费阶段基本结束，个性化、多样化消费逐渐成为主流。消费行为的转变，必然带来消费增速、结构、热点、动力和政策的相应变化。

在新常态下，消费呈现五大特点：一是增速进入减速换挡期，消费长期保持中速增长，在三驾马车中增长最为稳定；二是服务消费的占比和增速大幅提升，商品与服务消费的结构优化，服务消费占比达到小康甚至富裕的发展阶段；三是科技创新、信息消费引领消费的增长，与互联网有关的消费，成为最大的消费亮点；四是消费去政策化特点明显，消费增长机制得到巩固，收入水平提升与人口数量增长是消费的主要驱动力；五是消费文化发生重大转折，理性务实的大众消费成为主流，过度消费、炫耀消费逐渐淡出。

二、"一带一路"提升消费信心

"一带一路"战略会让地区更加开放，对于整个消费信心的提振具有关键作用。从消费者基本面来看，中国整个物价水平维持在一个合理区间，而且资金充足，财富的积累加上对于自己收入的满意，让消费者愿意花钱。

中国经济正在进行的转型，是从投资和基建的拉动变成消费的拉动，这

是良性的转型，是可持续的发展方向。而且中国正在实施的大战略大项目，在不断地平衡不同区域和市场之间的增长，也在持续地改变中，希望经济拉动的动因进一步丰富和完善。中国已经是世界第二大经济体了，而新常态是一个比较好的可持续发展的出路。

比如小城消费，2015 年一季度，三、四线城市消费者信心指数与全国整体走势逆向而行，上演了精彩的消费故事。据尼尔森调查数据显示，三线城市消费者信心指数保持在 109 点的稳定水平，四线城市则较上一季度上涨了 1 点至 107 点。在消费意愿上，三线城市保持平稳，而四线小城市的表现则脱颖而出，由 42 点上升至 50 点，达到二、三线城市水平，并带动本季度全国整体增长。

不难看出，小城市正在引领中国快速消费品市场的增长，其蕴藏的巨大市场潜力，也对中国未来以消费需求为导向的经济模式产生着深刻的影响。城镇化进程带来的不仅是当地经济的发展，更是消费者视野的开拓以及消费需求的增加和消费升级。

小城市消费增长的动力在于：一是小城市人均收入的增长快于其他地区和市场，二是消费意愿也更加强烈，三是"一带一路"政策涉及了很多沿线的小城市，四是零售市场在小城市不断地转型升级。消费能力的提升加上市场供给的充足，整个消费市场就会有比较大的增长。

发展普惠金融，完善资本市场体系

发展普惠金融，进一步提高金融服务的覆盖面和渗透率，是健全多层次资本市场的重要实现形式和有机组成部分。

一、发展普惠金融

国务院总理李克强在《政府工作报告》中明确提出，要"大力发展普惠金融，让所有市场主体都能分享金融服务的雨露甘霖"，生动形象而鲜明地提出了对普惠金融发展的目标要求。

普惠金融兼有公益性和商业性双重属性。要大力发展普惠金融，让所有市场主体都能分享金融服务的雨露甘霖，必须在进一步巩固提高现有基础金融服务覆盖面的基础上，把握五个"着力"。

表 9-7　发展普惠金融须把握五个"着力"

1	着力强化普惠金融发展顶层设计和规划
2	着力强化普惠金融发展的正向激励
3	着力强化普惠金融服务创新。普惠金融业务笔数多、金额小、区域分散，缺乏规模效应，导致服务渗透率不高，迫切需要强化金融管理创新、技术创新、产品创新和服务创新。为此，要积极探索和运用微型贷款技术，大力开展新型主办银行制度下的信贷管理方式和抵押担保方式创新，推进金融与现代信息技术融合发展，大力培育手机金融等新型普惠金融业态，把传统金融的线下优势与互联网的线上优势结合起来，实现金融机构业务流程的电子化、组织机构的扁平化、信用管理的动态化和支付体系的立体化
4	着力强化普惠金融组织体系建设。针对当前我国中小及微型企业金融不足等问题，大力发展社区性银行等中小金融机构，强化现有地方中小金融机构的规范管理和支农支小的市场定位，形成多层次、多样性、适度竞争的普惠金融组织体系
5	着力提高普惠金融服务效率。要加快推进小微企业和农村信用体系建设，深化农村支付服务环境建设，提高农村金融基础设施利用效率，充分依托农村金融基础设施开展各种小额授信服务

二、健全多层次资本市场体系

多层次资本市场是对现代资本市场复杂形态的一种表述，是资本市场有机联系的各要素总和，具有丰富的内涵。

2014 年 3 月 25 日，国务院总理李克强主持召开国务院常务会议，部署进一步促进资本市场健康发展。会议指出，要依靠改革创新，坚持市场化和法治化方向，健全多层次资本市场体系。会议对进一步促进我国资本市场健康发展提出六点要求：

表9-8　促进我国资本市场健康发展的要求

1	要积极稳妥地推进股票发行注册制改革，加快多层次股权市场建设，鼓励市场化并购重组，完善退市制度，促进上市公司提高效益，增强持续回报投资者能力
2	要规范发展债券市场，发展适合不同投资者群体的多样化债券品种，促进债券跨市场顺畅流转，强化信用监管
3	要培育私募市场，对依法合规的私募发行不设行政审批，鼓励和引导创业投资基金支持中小微企业，创新科技金融产品和服务，促进战略性新兴产业发展
4	要推进期货市场建设，继续推出大宗资源性产品期货品种，逐步发展国债期货，增强期货市场服务实体经济的能力
5	要促进中介机构创新发展。放宽业务准入，壮大专业机构投资者，促进互联网金融健康发展，提高证券期货服务业竞争力
6	要扩大资本市场开放，便利境内外主体跨境投融资。健全法规制度，完善系统性风险监测预警和评估处置机制，从严查处虚假陈述、内幕交易、市场操纵等违法违规行为，坚决保护投资者特别是中小投资者合法权益

　　多层次资本市场不仅包含交易场所、交易品种以及同一个市场内部的不同层次，还包含体现在投资者结构、中介机构和监管体系的多层次以及交易定价、交割清算方式的多样性，它们与多层次市场共同构成一个有机平衡的金融生态系统。此次国务院会议，对资本市场提出了新要求，特别是对健全多层次资本市场体系，提出了有针对性的具体部署，可谓顺乎中国资本市场的实际，合乎我国国情，切中要害。

劳动力市场的发展现状及完善对策

　　劳动力市场在整个市场体系中占有重要的地位，是社会主义市场体系的重要组成部分。在就业率增长的情况下，中国的劳动力现阶段仍面临需求和供给的问题。政府正在做各种方案努力来缓解劳动力的问题。

一、劳动力市场的发展现状

在劳动力需求方面，我国就业需求继续扩大，服务业发展对劳动力的需求也更大。如 2014 年，我国服务业仍处于快速发展的重要机遇期，"营改增"、服务业综合改革试点、上海自贸区建设以及稳增长、调结构等各项利好政策将推动服务业保持稳步较快发展势头，从而增加对劳动力的需求。

在劳动力供给方面，劳动年龄人口日趋减少，不同年龄劳动力供给分化趋势加剧；就业参与率仍处于较高水平，但总体趋于下降；农村剩余劳动力转移继续增长，但潜力日趋枯竭。

二、劳动力市场的完善对策

一是改善劳动力市场总体供大于求的状况。提高劳动者技能素质对于改善我国劳动力市场的供求失衡，进而改善劳动关系中劳动者的弱势地位有非常重要的作用。主要途径是尽快建立以劳动力市场需求为导向的就业培训体系。通过加强劳动力市场培训体系的建设来提高劳动者的技能素质，可以增强劳动者的就业能力，改善其在劳动关系中的弱势地位。

二是充分发挥工会代表维护劳动者权益的作用。劳动力市场的发展要求中国的工会要明确自己应当承担的角色：第一，工会代表维护劳动者权益的角色；第二，工会在劳动争议处理中的角色；第三，工会在协调劳动者与用人单位关系中的角色；第四，工会在集体合同关系中的主体角色。工会角色的正确定位可以增强工会在协调劳动关系中的积极作用，促进和谐劳动关系的建立和发展。

三是逐步消除劳动力市场分割。首先要建立高效率的就业促进体系，实现城乡劳动力在同等条件下平等竞争就业。其次要构建与社会经济发展水平相适应、城乡统一的社会保障体系。最后要建立有效的市场监督调控体系，切实维护农村进城务工者权益。

四是完善劳动力市场秩序。加强劳动力市场立法，包括建立反就业歧视的法律制度、建立和完善平等劳动合同制度、建立劳动者待遇公平分配制度；构建和谐劳动关系的责任制度，包括强化政府责任、强化用人单位责任，建立和完善劳动关系三方协调机制和完善劳动仲裁和诉讼制度；加大劳动执法力度，保证劳动者的基本劳动权利得到落实，加大合同监管、劳资关系协调的力度，把有关法规、政策普及到企业和劳动者当中去。

健全新常态下的房地产市场体系

当前，中国房地产市场和中国经济一样，都已经进入了一个新阶段，或者说新常态。房地产市场的新常态是供需总量基本平衡、区域结构差异扩大。由此可见，健全新常态下的房地产市场体系很有必要。

一、抑制和防范房地产泡沫

在中国房地产市场告别高速增长的"黄金期"，房地产投资量、竣工量和新开工量等各项重要指标的峰值已经到来的情况下，尤其要注重房地产泡沫的抑制和防范。

国际经验表明，绝大多数经济体的房地产泡沫都是在供需结构达到平衡后爆发的。理由很简单，在房屋严重短缺的情况下不可能催生泡沫，因为有需求力量的支撑。只有在供需平衡时还依然在用各种手段刺激房价上涨时才会出现泡沫，因为缺乏真实面的支撑了。

二、健全住房市场体系的内涵

从新一届政府上台伊始，就把健全住房市场体系作为"抓手"，而不是直接提出房价调控目标和行政色彩很浓的调控手段。这就回归了最基本的常识，就是房价是结果，不宜将它直接作为调控目标。把健全市场体系作为促进房地产市场健康平稳发展的重点，其中有两层含义（见表9-9）：

表9-9　健全住房市场体系的内涵

市场和政府的关系	商品房尽量让市场去调节，而且尽量用经济手段而非以前的限购等行政化手段。在从以行政手段为主转为以经济手段为主的过程中，可能还会面临一个过渡期，比如持有环节的房产税还未出台，其他一些金融政策手段还不是太稳定。
保障性安居工程	国务院总理李克强在第十二届全国人民代表大会第二次会议作《政府工作报告》时指出，今后一个时期，着重解决好现有"三个1亿人"问题，促进约1亿农业转移人口落户城镇，改造约1亿人居住的城镇棚户区和城中村，引导约1亿人在中西部地区就近城镇化。可以预期的是，未来若干年支撑房地产市场健康发展、更好满足中低收入群体住房需求的保障房，在房地产市场中的占比会逐年提高，起到更重要作用

总之，"新常态"要求一个中高速的增长，慢慢淡化对于高增长的渴望，政府不大可能采取强刺激经济和房地产的手段，这对房地产而言是利好，可以让市场慢慢去调节自己。

第十章　新世界秩序视野下的
中国秩序

中国提出的"新型国际关系"，旨在推动国际秩序和国际体系朝着更加公正合理的方向发展，推动建设人类命运共同体，更好造福亚非人民及其他地区人民。在这一战略导向下，中国大力巩固和发展"世界工厂"，竭力构建亚洲新秩序，提出和实施"一带一路"、"亚投行"战略，积极推进人民币国际化进程。中国提倡的世界新秩序已经开始初见成效。

中国崛起，新世界秩序在逐渐形成

正在崛起的中国已经开始顽强地尝试建立属于新时代的新秩序，而且随着中国综合实力越来越强，影响越来越深远，中国提倡的世界新秩序已经开始初见成效，让世界其他大国越来越不敢小视中国在世界的影响，这些成效就是从避开美国主导的各种国际组织和国际峰会开始。

一、货币直接贸易

过去很长一段时间，世界贸易一直由美元主导，现在，由中国、巴西、俄罗斯等新兴大国提出的两国货币直接兑换和直接贸易，就避开了美元的单一贸易形式,这让那些没有美元储备的国家自然容易接受,也乐意和中国进行双边贸易,并且这种形式也让日本接受,并和中国签订协议,日元和人民币能够直接交易和兑换,美元的价值自然开始衰落,美国的美元政策已在许多国家开始失效。随着中国等新兴国家对双边货币的推行,美元在国际上的地位会日趋下滑,这当然也是新兴国家乐见其成的好事,美国不得不开始适应多种货币流行的时代。

二、经济贸易信条

中国注重的是只进行经济方面的交往,那些所谓的制度、宗教、人权方式,中国一直认为那是人类发展的必然过程,是世界多样化的表现形式,是人民多年来自主选择的结果,而且无论何种程度都是合理的,也不需要进行任何形式的改革,但同时承认任何形式的主义、制度都不可能十全十美,需要相互学习、借鉴。正是由于中国所持的这种观点,包括欧洲这些传统的西方国家都愿意和中国交往,而且经济贸易比重越来越大,有的已经超越与美国的贸易,就是美国,与中国的贸易比重也是越来越大。

三、游戏规则的双边制约机制

中国在避开美国和世界各国交往时,推行的游戏规则是双边都受游戏规则的制约,在规则面前人人平等,这样,和中国交往的国家同样可以利用游戏规则来制裁中国,中国必须服从双方制定的游戏规则,而不以政治、军事相威胁,中国之所以称中国是和平崛起,在与世界各国的交往和贸易中得到了充分的体现,所以,越来越多的国家愿意和中国交往。

四、日渐流行的中国式思维

过去,世界流行的是美国式思维,现在,在亚洲、非洲、南美洲,中国式思维已经开始流行。越来越多的国际组织和国际峰会都争相邀请中国参加,这些国际组织和国际峰会越来越觉得，没有中国的参加，制定的任何规则都没有实际效果，因为中国推行的国际新秩序已经在世界各地产生了深远的影响，越来越多的国家已经习惯于按照中国的思维考虑问题，即使没有中国参加的国际组织制定的游戏规则也有中国的影子在里面。

现在的美国，无论如何贬低中国都不能回避中国，都绕不开中国，同时也需要中国。这实际上也证明中国确实在推行世界秩序的改革，以美国为首建立的世界老秩序已步入了历史的尽头。或许等到有一天美国恍然大悟时，才发现已经迟了，因为整个世界秩序已经在中国的主导下完成了新旧更替。

中国"世界工厂"地位不可动摇

近年来，随着中国取代日本成为世界第二大贸易国，并成为仅次于美国的全球第二大工业制造国，逐步奠定了中国"世界工厂"的国际地位。

一、中国作为"世界工厂"的优势

随着经济规模的扩大，中国的影响力也在不断加强。相对于其他国家，中国作为中低制造业基地的优势还是非常大的，在很多方面也是不可替代的。全球企业家似乎已经无法忽视中国的存在。且不说一些企业可以转移到工资标准相对较低的内地，仅因为中国的因素，很多企业也不会转移他们在中国的生产基地。

其他发展中国家很难具备作为"世界工厂"的条件。从工资来看，中国已经提出 2020 年居民收入翻番的目标，各地方政府决定的最低工资也在逐年上涨。同时，如果单论工资水平，印度（金奈为每月 260 美元）、越南（河内为 111 美元）以及缅甸（仰光为 68 美元）等工资水平低的地区仍然很多。

从人力资源总量上看，我国在未来 10 年中仍占绝对优势。尤其是中西部地区劳动力成本在一个时期内将保持相对低于东部地区的水平，尚有劳动力供给潜力可以挖掘，传统中国劳动要素禀赋的优势，还将在中国中西部延续一个时期。因此，劳动密集型制造业的一定份额会转移到其他发展中国家，但中国作为这类产品制造者"世界工厂"的地位不可能被替代。

二、促进"世界工厂"版本升级

考虑到内外部条件的变化，中国正在积极培育新的国际竞争优势，赋予"世界工厂"新的内涵。

一是创造有利于人力资本积累的政策环境。一方面，在教育和培训的供给方面，政府应该增加公共投入，降低家庭和个人的教育（培训）支出比重；另一方面，通过建设劳动力市场制度，政府可以矫正失灵的市场信号，提高人力资本回报率，引导家庭和个人对人力资本的投资。

二是提高创新和研发能力。提高企业技术创新能力和产品的研发能力，并积极参与国际标准的制定。鼓励企业因地制宜、因厂制宜开展各种创新。在技术创新的基础上培育产品的品牌，提高出口产品的品牌竞争力。

三是培育和形成我国产品的国际竞争力新优势。采取的途径和措施包括以下六个方面的内容，如表 10-1 所示。

表 10-1　培育我国产品的国际竞争力新优势的措施

1	提升经济细化管理水平，提高产品质量和附加值
2	培育新的商业模式，通过专业分工，集中资源发展优势的生产和经营环节
3	发挥电子商务优势，降低交易成本
4	打造新型的国际商务平台，形成更多的义乌国际商品交易模式
5	促进企业走出去建立国际营销渠道，通过兼并国外企业进入当地市场
6	在产业转移中形成沿海与内地互联互补的专业分工关系，以空间延续廉价劳动要素的优势

亚洲条条大路通中国的"中国秩序"

APEC 峰会和二十国集团峰会后，形势越来越清楚地表明，包含经济架构在内的亚洲新秩序已经开始形成。无论将该秩序称为"太平洋时代"、"新丝绸之路"还是"泛欧亚体系"，这些称谓指的都是同一回事，即亚洲各国经济相互依存的网络，其核心是东海和南海沿岸地区，连接了中国、日本、韩国、中国台湾地区和东南亚。把这种新的亚洲经济秩序描述为条条大路通中国的"中国秩序"是准确的，因为中国的经济地位和地理位置构成了驱动和连接亚洲其他地区的枢纽。

一、南亚加入亚洲新秩序的现实选择

随着中国投入巨资打造穿越中亚和俄罗斯进入欧洲的公路以及从东南亚通向中东和非洲的航路，亚洲有一个关键地区可能会错过加入这个新的亚洲经济和基础设施网络的机会。那就是南亚，而该地区也许最需要成为这个枢纽的一部分。

事实上，南亚是最需要加入这一网络的地区。融入这一网络既有助于南亚国家内部融合，又有利于南亚与东南亚、东亚的外部整合，这将使所有南亚国家受益，特别是尼泊尔、阿富汗等最贫穷的国家。

有外媒称：南亚国家最好能彼此实现融合，同时与东南亚和东亚的邻国实现融合。目前本地区内外的经济融合度很低。尽管中国是印度和巴基斯坦最大的贸易伙伴之一（印度和巴基斯坦之间几乎不开展贸易），现状仍是如此。大多数贸易是单方的，中国并未在这两个国家展开大规模的基础设施投资。南亚与亚洲经济秩序的融合将对该地区的所有国家有利，尤其对尼泊尔和阿富汗等最贫穷的国家有所帮助。正因为如此,南亚国家应该非常认真地看待与亚洲其他国家实现经济融合的问题,否则就落后得太远了。它们应该更加重视与东亚的连通和贸易,以免丝绸之路绕开南亚地区。当亚太和中亚地区实现融合时,南亚如果落在后面,后果将不堪设想。

二、现实让印度别无选择

南亚的未来很大程度上取决于印度。印度已采取多项"向东看"措施,但也面临一系列问题,其中最重要的是,作为亚洲第二大国,印度理论上希望与中国抗衡,并建立由自己主导的秩序,但因缺乏实力和远见而受到阻碍。

现实让印度别无选择。目前中国和美国已经基本完成新版亚洲经济和政治架构的塑造,东亚、东南亚和中亚已加入这一体系。无论越南、日本等国如何拉拢印度在军事和经济上制衡中国,均改变不了一个基本事实:新版亚洲秩序已经建立。印度要么成为该秩序的一部分,要么置身局外,除此之外别无选择,因为印度要打造自己的亚洲秩序已经为时已晚。

总之,南亚包括印度在内的国家现在应该承认亚洲新秩序,并认真考虑自身在该秩序中的位置。它们要做的不仅是短期政策的调整,还有长期战略的转变。亚洲新秩序正在形成,南亚需要成为其中的一部分。

"一带一路"建设原则与中国推进

世界是一个大集体,所有国家都在这里边,美国200多年始终占据着中心,围绕这个中心的还有其他国家,大家都在往中心移动。中国作为一个"大块头",在移动的过程中不是挤压和碰撞,而是基于互相融合,提出了发展21世纪海上丝绸之路和丝绸之路经济带的战略。"一带一路"战略已经成为中国的对外大战略，中国政府未来 8~10 年将从经济、政治、军事、文化等各个领域推进这一战略。

一、"一带一路"建设原则

"一带一路"建设秉承的是共商、共享、共建原则。具体内容如表 10-2 所示。

表 10-2　"一带一路"建设原则

恪守联合国宪章的宗旨和原则	遵守和平共处五项原则，即尊重各国主权和领土完整、互不侵犯、互不干涉内政、和平共处、平等互利
坚持开放合作	"一带一路"相关的国家基于但不限于古代丝绸之路的范围，各国和国际、地区组织均可参与，让共建成果惠及更广泛的区域
坚持和谐包容	倡导文明宽容，尊重各国发展道路和模式的选择，加强不同文明之间的对话，求同存异、兼容并蓄、和平共处、共生共荣
坚持市场运作	遵循市场规律和国际通行规则，充分发挥市场在资源配置中的决定性作用和各类企业的主体作用，同时发挥好政府的作用
坚持互利共赢	兼顾各方利益和关切，寻求利益契合点和合作最大公约数，体现各方智慧和创意，各施所长，各尽所能，把各方优势和潜力充分发挥出来

二、"一带一路"建设的中国推进

中国政府在坚持"一带一路"建设原则的前提下，积极加强与沿线国家的沟通磋商，推动与沿线国家的务实合作，实施了一系列政策措施，努力收获早期成果（见表 10-3）。

表 10-3　推进"一带一路"建设的措施

高层引领推动	习近平主席、李克强总理等国家领导人先后出访 20 多个国家，出席加强互联互通伙伴关系对话会、中阿合作论坛第六届部长级会议，就双边关系和地区发展问题，多次与有关国家元首和政府首脑进行会晤，深入阐释"一带一路"的深刻内涵和积极意义，就共建"一带一路"达成广泛共识
签署合作框架	中国与部分国家签署了共建"一带一路"合作备忘录，与一些毗邻国家签署了地区合作和边境合作的备忘录以及经贸合作中长期发展规划。研究编制与一些毗邻国家的地区合作规划纲要
推动项目建设	中国加强与沿线有关国家的沟通磋商，在基础设施互联互通、产业投资、资源开发、经贸合作、金融合作、人文交流、生态保护、海上合作等领域，推进一批条件成熟的重点合作项目

续表

完善政策措施	中国政府统筹国内各种资源，强化政策支持。推动亚洲基础设施投资银行筹建，发起设立丝路基金，强化中国—欧亚经济合作基金投资功能。推动银行卡清算机构开展跨境清算业务和支付机构开展跨境支付业务。积极推进投资贸易便利化，推进区域通关一体化改革
发挥平台作用	各地成功举办了一系列以"一带一路"为主题的国际峰会、论坛、研讨会、博览会，对增进理解、凝聚共识、深化合作发挥了重要作用

　　"一带一路"战略目标是建立一个政治互信、经济融合、文化包容的利益共同体、命运共同体和责任共同体。也就是说，中国推动的是包括欧亚大陆在内的世界各国，构建一个互惠互利的利益、命运和责任共同体，潜台词是大家好好合作、好好玩耍、好好过日子。中国的这种态度，在 2014 年 5 月的亚信峰会上表现得淋漓尽致，中国明确表示要在 2014~2016 年中国作为亚信主席国期间，推动建立"亚洲人的亚洲"，要将亚信平台变成解决亚洲安全问题的总平台。

"亚投行"是中国对外战略的重要步骤

　　"亚投行"是继提出建立金砖国家开发银行（NDB）、上合组织开发银行之后，中国试图主导国际金融体系的又一举措。这也体现出中国尝试在外交战略中发挥资本在国际金融中的力量。

　　"亚投行"受到诸多国家的欢迎。比如在"亚投行"创始成员国申请截止日期日益临近的时候，美国的盟友不顾其强大阻力相继"倒戈"，上演了颇有戏剧性的一幕：继英国成为第一个不顾美国反对申请加入"亚投行"的 G7 国家后不久，法国、德国、意大利等均表示成为"亚投行"的创始成员国。

一、"亚投行"是互惠双赢的"你情我愿"的结果

"亚投行"对于中国而言，自提出"一带一路"以来，相关配套措施已加快推进，如今"一带一路"战略已经上升为国家战略的高度，不仅有助于加强中国与周边国家合作，也对化解国内过剩产能、支持中国企业走出去与人民币国际化具有重要意义。

对于中国周边发展中国家而言，基础设施建设薄弱、资金缺口较大也是不争的事实。在这种情况下，由中国主导的专注于基础设施建设的亚投行设立，可谓恰逢其时。

二、"亚投行"的中国机遇

"亚投行"对中国是难得的机遇。首先，成立"亚投行"对中国发挥外交影响力具有很大的鼓舞作用。有舆论认为，"亚投行"不仅受到区域国家的欢迎，也更引发美国盟友的"倒戈"，反映了国际社会对美元霸权的反感与对人民币国际化的热烈期待，不能不称之为中国金融外交上的胜利。西方国家改变了过去对"亚投行"的态度，美国反对"亚投行"的态度被事实上"分解"。

其次，中国可以借助"亚投行"的建立将中国硬实力转化为软实力。"亚投行"这一平台，可以通过让各个国家受益的方式表明中国的既定发展战略——不以损害他国为前提，消除战略互疑。作为一个多边国际金融机构，"亚投行"如果能真正实现遵循开放、包容、透明、负责和公平的原则设计其治理结构和运营政策，充分借鉴现有多边开发银行好的做法，那么最终合作结果也一定是多赢的。

三、"亚投行"对全球金融秩序的影响

就"亚投行"成立的外溢性而言，其影响已远远超出了区域性投资银行

的范畴，有望对现有全球金融秩序造成影响。

目前全球金融秩序仍以美国为主导，各主要国际金融机构，很多情况下是美国意念的体现。例如，美国在 IMF 的出资额与对应的表决权均在 17% 左右，并享有一票否决权。但与之相比，尽管近年来中国的国际影响力日益增大，但相应的话语权却没有提升，占比不足 5%。此外，中国在世界银行、亚洲开发银行等国际机构中扮演的角色也都略显被动与尴尬，在此背景下，中国通过"亚投行"重塑与大国经济实力相匹配的金融秩序就显得符合逻辑，无可非议。

总之，"亚投行"突破以往束缚，为发展中国家发展提供了一个可以选择的新范式。这是中国新金融外交战略的胜利。

人民币国际化，不可阻挡的征程

随着中国经济的快速发展和对外开放程度的提高，人民币作为交易媒介、储藏手段和支付手段，在中国周边国家和港澳地区的使用越来越广泛，国际化进程逐步加快。

一、在北美启动清算服务

2015 年 3 月 23 日，在多伦多举行的北美首个人民币业务清算行启动仪式上，加拿大不列颠哥伦比亚省前财政厅长科林·汉森突发一声感叹："人民币日不落！"此语引来在场中加双方商界代表的一阵欢笑。在多伦多这个加拿大的金融中心，23 日最大的新闻当属中国工商银行加拿大分支机构宣布正式启动人民币清算行服务，这标志着北美首个人民币业务清算行正式启动。

汉森先生感叹的事情，就是全球范围内如火如荼的离岸人民币市场。他的话其实一点也不夸张，中国的商业银行从此可以跨越国际时差的障碍，无缝连接覆盖全球，为客户提供 24 小时不间断的人民币清算服务。

首先，用加拿大财政部长乔·奥利弗当日的致辞来讲，在多伦多建立北美第一个人民币离岸业务清算中心，对中加两国来说是互利的，这将给双方商业往来带来更多便利，并减少交易成本。此前几乎所有中加贸易都以美元计价，大额货币兑换也需通过美元实现。如今，绕开美元这一中介进行直接兑换，中加两国的外贸企业将从中得到实实在在的利益。

其次，毋庸讳言，从离岸人民币业务中获利，自然是金融大佬们最为关心的话题，也是将人民币业务推广开来的原动力。和汉森先生一起参与小组讨论的数位加拿大金融界专家，都鲜明地表达一种态度：抓住北美首个人民币离岸中心落户加拿大的历史机遇，使用人民币、投资人民币。有专家预计，随着人民币离岸中心的建成，加拿大的人民币资产交易量将大幅增加。

再次，对于人民币本身而言，这种日不落的交易正是人民币在全球建立与中国相匹配金融地位的前奏。通过全球范围内基础设施的建设，中国正在按部就班地朝着人民币国际化方向迈进。人民币正沿着从贸易货币，向金融货币，再向储备货币升级的发展路线图稳步前行。就连加拿大财政部长乔·奥利弗也对人民币在世界交易货币中的排名印象深刻，他在 23 日的启动式中特意强调，截至 2015 年 1 月，人民币已经跃居全球五大交易货币之列。

最后，人民币的迅速崛起也是世界的福音。中国工商银行副行长谷澍在接受独家专访时说："（全球范围内）人民币清算中心的建设是市场选择的过程，随着中国经济的发展及人民币的国际化，世界各地对人民币的需求越来越大，对人民币的使用越来越广泛。"有了这个使用基础，未来我们将会看到一个多极化的国际货币体系，这个体系将广泛使用美元以及其他两三种主要货币，而人民币毫无疑问将会是其中一种。

二、人民币加入 SDR 货币篮子

国际货币基金组织的 SDR（特别提款权）是一种会计单位，通常在金融危机时用于拯救小国家。对于 13 亿中国人而言，加入 SDR 几乎不会带来任何直接利益。但在北京大街小巷和主流媒体上，人们都在关注此事，连普通市民也认为，人民币的命运对于中国和他自己的前途"绝对很重要"。中国正在大力推动人民币纳入 SDR。

2015 年 5 月，国际货币基金组织代表团在北京结束与中国的 2015 年度第四条款磋商讨论后发表声明称，当前人民币币值不再被低估，且人民币加入 SDR 只是时间问题。这是国际货币基金组织十多年来首次改变对人民币的评估。

《人民日报》2015 年 5 月 21 日刊发社论称，人民币加入 SDR 货币篮子将是人民币国际化的"重大进展"。如今，外汇管制已经放松，并且今年可能会进一步放松。央行行长周小川说，将采取措施促进人民币在资本项下的可兑换。此前不久，中国和香港地区的监管部门宣布中国内地与中国香港地区基金互认安排将于 7 月 1 日正式实施。

人民币国际化是一个很长的过程，还会持续很长时间。但我们也要有自信，只要中国经济继续增长，更深入地融入全球化，这个进程将是不可阻挡的。

后　记

　　当最后一行文字定格的时候，总觉得意犹未尽，还有很多话要说。于是，使命感、责任感油然而生，唯恐多一字便成了累赘。此时，仰望浩淼的星空，我在思考："上苍啊，四十年前你眷顾我，将我的右脚补了谁的遗憾？而今，我该以毕生的心血去为这个时代再做些什么呢？"带着这个思考，我再次走访了在国内将"中华传统文化与现代企业应用"做成行业标杆的几家企业。无独有偶，他们都几经沉浮之后深深体悟到："三流的企业做产品，二流的企业做文化，一流的企业做标准。企业做王道，市场才能做霸道。王道，即标准，即流程，即秩序。"

　　一个秩序的建立与维持，离不开一个系统，这个系统便是尊重人性的道德体系。郑州新秩序文化传播有限公司总裁李保民先生感叹颇多，从前几年执掌一家国内响当当的互联网公司，到现今潜身"村商"回归田园而又再次成为"新农商"、"新秩序"的翘楚，岁月留给他的不仅仅是成功的喜悦，更多的是道德与诚信体系后面的信仰与坚毅。而作为"80后"便执掌安徽峰辉集团的李光辉，则显得格外厚道，用他的话说："父母给了我一张憨厚的脸，我不得不走诚信之路。"是的，从李光辉的脸上丝毫看不出"80后"的阳光与犀利，从这张"很中国"的脸上就可以看到一家"中华老字号"即将平地而起。旗下拥有七家子公司的峰辉集团，在李光辉的带领下已然成为阜阳市的一颗璀璨明星。相比李保民与李光辉两位企业家，郑州和旗神生物科技有限公司总裁蒋建国更多的是在苦难中崛起，本来就很老实的一张脸再加上未经思考的黝黑，一看就是从市场第一线走出来的汉子。蒋建国说："我本来没有这么黑，因为要和人接触谈业务，为了给别人诚信的第一印象，我特意在云南晒了一个多月，你们现在看到我的牙齿和眸子是不是觉得很放心？"哈哈一笑之中，我恍然又悟到了"大象无形"的道理，原来诚信不只是一个过程的体系建设，还是一个由内而外的修炼到知行合一的修行。

乐庆辉

2015 年 7 月 1